思春期の子どものこころがわかる25のQ&A

非行・心理の専門家が子育ての悩みに答えます

編著　名執 雅子　西岡 潔子

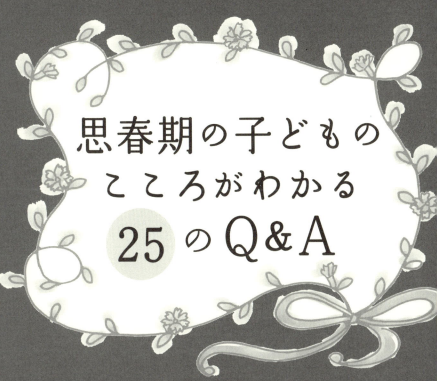

はじめに

　中学生、高校生という思春期のお子さんについて、保護者の方が悩みに思われることは山ほどあると思います。深刻な悩みほど、人には相談しづらく、気軽に誰かに打ち明けられるものばかりではないでしょう。

　また、誰にとっても、子育ては初めての経験です。つい、自分が育てられたように子どもに接することが多くなりがちです。しかも、例えばインターネット、SNSの普及など、自分が子どもだった頃とは異なる環境で育っている子どもに対応するには、前例も経験もなく、心配して見ているしかない場合もあるでしょう。

　こうしてみると、保護者が子どもの問題行動に気づいたとしても、広い知見に基づいてより良い方法を選び、適時に対応するようなことは、結構難しいものです。

それは、子どもも同じです。中学生、高校生になって、一人前のことを言っていても、どうしてよいか分からず、誰にも相談できず、子ども自身が最も困っていることがあります。狭い世界の中で動けなくなっていて、「困った行動」としてSOSを出している場合もあります。

本書の分担執筆者は、法務省所管の少年鑑別所や少年院で、長年にわたり、非行を犯した少年少女の話を聞き取り、心を開かせ、また、共に行動し、指導しながら、その立ち直りを支援してきた心理・教育等の専門家です。周りの誰かが気づき、向き合っていれば、起きなかったかもしれない不幸な事件を沢山扱ってきた立場から、家庭、学校、友人関係、性格、問題行動にわたって、保護者の方が悩みに感じる事柄の背景にある事情を説明し、できる限り幅広い視点に立ったアドバイスを記しています。

非行は最も極端、あるいは特殊な問題行動に思われるかもしれませんが、その根は家庭や学校、友人関係などにおける孤独・孤立、何らかの不満、ストレス、寂しさ等にあることが多いと言えます。非行のあった少年少女の例を見ていると、もう少し早い時期に周りの誰かが気づいて手を打っておくべきだった、専門家に相談して適切な対応をしていれば良かった、と思われるケースが多くあります。また、最近は、集団での非行が減り、少年鑑別所や少年院に入ってくる少年少女の人数が減少する一方で、人と交わることなく自室に引きこもり、表に出にくい心の問題を抱える子どもたちも見受けられます。

そのような意味から、本書は悩める保護者のための本ではありますが、目的は、悩める子どものＳＯＳに気づき、子どもを助ける、子どものための本となることを目指しています。最も身近な保護者の方が、これまでと違う子どもの様子に気づき、子どもと話し合い、冷静で適切な対応を早めにとられることで、次代の健やかな子どもたちの育みに役立てれば幸いです。

（名執　雅子）

もくじ

第5章　問題となる行動、困った行動

第1章

家庭

1 妹や弟に手を上げたり、いじわるをしたりするようになりました。

兄弟姉妹にけんかはつきものです。もし、子どもの頃、けんかの経験をお持ちなら、そのときの気持ちを思い起こしてみてください。

小さい頃、例えば、小学校低学年までの兄弟姉妹間の衝突は、その子の成長にとっては必要なプロセスで、目くじらを立てることはありません。掛け値なしにぶつかって、ときには痛い目に遭う、そういう経験から学べるものはありますよね。この時期の兄弟姉妹間の葛藤であれば、見守っていれば良い場合がほとんどでしょう。

他方、ティーンエイジャーになってからのこうした行動は、ある種のサインでもある場合があります。

子どもの苦境（つらさ）を知る

中学生以降も、相手（兄弟姉妹）に手を上げたり、陰湿ないじめをしたりしているようであれば、兄弟姉妹間の関係性が健全ではありません。相手への思いやり、共感する気持ちが持てず、相手が、自身の不満、怒り、ねたみなどをぶつける対象になっているのであれば、対応が必要です。介入が必要な状態であるにもかかわらず、親が傍観者になってしまうと、事態がより深刻化してしまいます。

まずは、兄弟姉妹がこれ以上の被害を受けないよう、その問題行動を止めることが大切です。「やってはいけない」とはっきり伝えることです。

大事なのは、その後です。お子さんが、兄弟姉妹に手を上げたり、いじわるをしたりする動機や背景を考えてみてほしいのです。

兄弟姉妹を、様々なストレスや不満のはけ口にしていないでしょうか。本当に不満をぶつけたい相手は別なのに、代わりに、自分より弱い相手をいじめている。うまくいかないことへの焦りやいらだちや不安といった感情を持て余して、八つ当たりしている。そんな節がうかがえますか。もしそうであれば、お子さんの抱える問題に手を差し伸べなければ、兄弟姉妹への問題行動は治まらないでしょう。

子どもたちは、思春期に入ると、得てして親にはあまり話をしなくなってきます。どんなストレスを抱えているのか、家の外でどんな苦境（傍から見れば苦境と思えないことでも、お子さんにしてみれば苦境である場合も含めての苦境）に立たされているのか、親の側も意識的に、努めてお子さんの言動を観察しなければ、分からないことも多いでしょう。

お子さんと会話が比較的普通にできるようであれば、じっくりお子さんと話をしてみてください。〝あなたときちんと話をしたい〟という親の気持ちをしっかり見せて、向き合うのです。家以外のどこかに出かけ、二人っきりの時間を作るのも手です。とりとめのない会話から始めてもいいのです。お子さんにとって、つらい苦しい事であるほど、それを口にするのは大変です。お子上手に表現できるわけではありません。先回りせず、じっくり聞いてあげてください。そして、受け止め、理解しようとしてみてください。

会話がほとんどない場合でも、お子さんをずっと見ていれば何らかのヒントが分かるときはあります。例えば、この話題になると途端に態度が変わる、毎週火曜日は学校に行きたがらない、特定の友だちから頻繁に電話がかかってくるなど、何かしら気になることがあれば、それはお子さんを理解する手がかりになるはずです。

子どもと一緒に考える

親として、お子さんの抱える事柄が見えてきたら、それを伝えることも重要です。〝あなたは、こういうことが苦しいのね〟と。

自分がストレスを感じていることを、お子さんが必ずしも自覚していないこともあります。その場合には、こうした親のメッセージは、お子さんが自分の状態に気づくことに役立ちます。人はストレスを自覚するだけで、楽になることがあります。また、お子さんに自覚がある場合には、親からのメッセージは、自分を受け止め、理解してくれているという安心感の実感につながり、このことによって、お子さんの気持ちが楽になることもあります。

次に伝えたいのは、〝大変だね〟とお子さんをいたわるメッセージです。

お子さんを受容し、理解するというプロセスを抜きに、兄弟姉妹への問題行動を非難することだけでは、解決にはなりません。このプロセスは、簡単にはいかないこともあり、親もお子さんとじっくり向き合う覚悟が必要です。

お子さんを受容し、理解することがうまくできたら、それだけで、兄弟姉妹への問題行動が収まる場合もあります。収まらなければ、お子さんに、兄弟姉妹をいじめたりいじわるをしたりするのは、実は、ストレス発散のためではなかったかと気づかせ、そうした対処法は間違っていることを伝えなければなりません。

また、お子さんにとってつらい状態を何とかする方策を一緒に考えてみようと寄り添い、問題解決を図る必要もあります。具体的な対応は、お子さんの抱える事情によって異なります。事態が複雑であったり、こじれたりしているようであれば、時間がかかることも覚悟しながら、お子さんが問題に向き合い、適切に対処できるよう、腰を据えて伴走してください。

弟妹のケアも

ところで、兄弟姉妹からいじめられていたことが、問題行動の背景に関わっている場合があります。例えば、夜遊びをするようになったお子さんによく話を聞いてみると、兄からいじめられ、家にいるのが嫌になって、夜中も外を出歩いていたということがあります。また、同級生に暴力を振るったというお子さんが、実は、兄から暴力をよく振るわれており、次第に、気に入らないことがあると手を上げるようになったということもあります。

いじめた側のお子さんの問題に向き合い、その手当てをすると同時に、いじめられた側の兄弟姉妹へのケアも必要です。

2 親に口答えをするようになりました。こちらもつい感情的になってしまいます。

親にとって、それまで保護し、導くべき存在であったお子さんが、口答えをするなど、反抗的な態度をとるようになることは、ショックなことでしょう。親である自分が優位な立場にあったのが、対等な立場、場合によっては、下に見られているような感覚を覚え、その関係性の変化に、親として抗いたい気持ちも生まれてくることでしょう。

あるいは、〝親たるものは、子どもの言いなりになってはならない〟との思いから、変に頑張ってしまったりすることもあると思います。

程度の差はあれ、反抗期は誰もが通る成長の過程です。親も、お子さんの成長、言い換えれば自分と子どもとの関係の変化（親に従う関係から、親と対等に「なりたい」関係への変化）を受け入れる必要もあるでしょう。

ですから、機嫌悪くムスッとしていても、親の言うことに口答えしてきたとしても、お子さんの反応に、親としていちいち動揺したりせず、お子さんと心理的な距離を取って、見守ることが大事ではないかと思います。

同じ土俵に乗らない

〝（心理的に）距離を取る〟と言われてもピンとこないかもしれません。要は、同じ土俵に乗らないことです。「なに言ってんだ、くそばばあ」と口答えしてきたときに、「親に向かって何だ!!」と怒りをあらわにすることは、同じ土俵に乗ることです。言葉尻にことさら反応しない、「ダメなものはダメ」と冷静に繰り返すなど、投げられたボールを飛んできた方向に返すのではなく、とにかく見送るか、別の方向に打ち返すことをしてみましょう。

お子さんの反抗的な態度に思わず手を上げることも、同じ土俵に乗ってしまうことです。お子さんに屁理屈をまくし立てられると、手を上げたくなることはあるでしょう。気持ちは理解できることですが、それでも、それは望ましい対応とは言えません。

親に手を上げられれば、程度の差はあれ、お子さんはショックを受けます。結果として、お子さんの反抗が収まったとしても、それは、生産性のある解決策ではありません。手を上げるということは、有無を言わせず、そしてその理由を理解させることなく、お子さんを一方的に否定することです。子どもは、親からの自立に向けて模索をしています。模索は、答えが分からないから行っています。お子さんの言動を力で否定することは、模索の途上で、その活動を一方的に打ち切るようなものです。一方的であるが故に、お子さんに、親への不信感や恨みの気持ちを与えることにもなります。

子どもが降参して親に従うまで、とことんやりあってしまう背景に、子どもを思い通りにしたいという気持ちがなかったかを振り返ることも大切です。同じ土俵に乗らないことは、親にとって、ときにつらく、耐え難い場合もあることでしょう。それでも、辛抱強くお子さんを見守り、成長を遂げるのを待ってください。多くの子どもたちは、反抗期を経て成長していきます。反抗期に入ったようであれば、親も、お子さんと心理的な距離を取るようにして、その自立を助けたいものです。

ストッパーになる親子の関係づくり

親の言うことを聞かずに、反抗ばかりしていると、そのうち問題を起こすのではないか、非行に走るのではないかと心配になるかもしれません。

非行は、親がこの時期に子どもの反抗にうまく対処できたか否かとは必ずしも関係しません。むしろ、それ以前の家族との関係が重要です。反抗期は、極端な言い方をすれば、感覚的に反発したくなっている時期です。反抗期に入ると、ときに家庭から飛び出し、既成の枠組みを否定したいという衝動にかられることもあります。衝動のままに突っ走ってしまうのか、最後のところで踏みとどまるのかは、家庭がお子さんにとって居心地の良い場であるか、家族とお子さんとの信頼関係がそこにあるかどうかによります。

親に反発して、家を飛び出したものの、あてもなく外を歩き回り、結局、家に帰ったという話を聞くことがあります。お子さんが家を飛び出せば、親としては心配になりますが、それでも、うちの子はきっと帰ってくると思えるかどうかということです。もし帰ってくれれば、お子さんにとって、家庭はいろいろあっても、やはり気持ちの拠り所であり、疲れた心と身体を癒し、エネルギーを補充する場であるということが分かります。もし、帰ってこないようであれば、なぜお子さんは帰らないのか、帰ってこられないのかを、この機会に考えてみることが大切です。

似たようなことで、お子さんが、学校で先生と口論になり、〝家に帰る〟と言って、本当に帰宅してしまったという話があります。先生から親に連絡があり、家に帰るといったので安心したと言われたそうです。

お子さんが大きくなれば、事情はもっと複雑になっていきますが、要は、家庭がお子さんにとって、自分がいるべき、いても良い場になっているかどうかが重要なのです。

家庭は、お子さんが一線を越えないためのストッパーになります。もし、このストッパーの機能が弱く、お子さんが家庭に居心地の悪さを感じている、あるいは、家庭の外にお子さんを強く惹きつけるような、友だちや先輩との付き合いがあるならば、反抗期特有のエネルギーも加わって、家庭を飛び出していくこともあります。付き合いのある友だちによっては、非行への一歩を踏み出してしまうかもしれないことに、注意をする必要があります。心当たりが少しでもあるならば、気づいたときが対処するときです。どうすればいいか分からないと感じるならば、学校、相談機関を頼ることも必要でしょう。

3 自分の考えを言おうとしません。いい子なのですが、この先、大丈夫でしょうか。

子どもが小さい頃は、親が様々なことを決めます。どんな服を着るか、どこに遊びに行くか、どんな本を読むかなどです。子どもは成長するにつれ、自己主張を始めます。

お子さんが、この当たり前の自己主張をしないことが心配なのであれば、まずは、目の前のお子さんの様子をよく見てください。自分の考えがあるのに、言おうとしないのでしょうか。それとも、人に伝えたい自分の考えがないのでしょうか。

自分の考えがあるのか、そもそもないのか

お子さんが従順すぎるのは、多くの場合、親が先回りして、何でも決めた

り対応したりしてきたことが関係しています。お子さんの前に大きな石が落ちているとき、転ばないよう親が子どもの手を引っ張って迂回すれば、お子さんは何の気づきも、苦労も、変化もなく、ただ歩き続けることでしょう。親が黙って見ていると、つまずいて転んだり、親に言われなくても、その石をまたいだり、蹴っ飛ばしたり、親が思いもしないような方法で、石を避けて歩き続けることもあります。

親が手を貸さなければ、お子さんは沢山の経験を積むことができます。失敗も含め、置かれている状況をよく見て、考え、自分で行動を選択する力を身に付けていくでしょう。多くの経験を積み、お子さんが自主性を身に付けていけるよう、親からのサポートの度合いを少しずつ減らし、見守っていきたいものです。

一方、お子さんの従順な振る舞いに、親の高圧的な姿勢が関係している場合もあります。親は、子どもよりも自分の方が正しいと思いがちです。親として、正しい答えを示さなければならない、子どもがそれに従うのは当然という考えが強くなり過ぎると、お子さんに従順でいることを強いることになります。それは、お子さんに自分の欲求や不満を無理やり抑え込み、表面的に、親の受けの良い態度をとるというやり方を身に付けさせているだけと言えるでしょう。

子どもが、自分の言葉で語る機会を作る

非行のあった子どもにも、親に従順な子どもはいます。大きく分ければ、一つは、親に逆らえないことへの不満を、友だちとの遊びや問題行動で発散しているタイプ、もう一つは、親だけでなく誰に対しても同調・従属的で、仲間に言われるがままに追随しているタイプです。

前者の子どもは、親に意見を言わないだけで、自分の考えはあります。ある程度の自主性は育っていますが、自己主張の方法をうまく身に付けていません。こうしたお子さんに、親がすべきことは、まずはお子さんの話を聞く耳を持つことです。言いたいことは少し我慢をして、お子さんが、自分なり

に言葉を選び、気持ちを表現すること自体を大切に考えるということです。お子さんの側から見ると、親に耳を傾けてもらう体験を通して、〝自分の考えを述べる〟という行動は真っ当なことであること、そしてそれは気持ちがいいという気づきにつながります。大事なことは、親の側が、お子さんの言葉をきちんと受け入れる姿勢を持ち、キャッチボールを成立させることです。このキャッチボールがないと、お子さんの気づきは得られないからです。

少年院では、親子の意思疎通がうまくいっていないような場合には、教官が助言をし、両者で話をする場に同席もします。第三者が間に入って、親子の気持ちの橋渡しの役割を担うことで、親子だけのときにはできなかった話し合いができることもあります。親子が試行錯誤しながら、少しずつ変わっていく様子に立ち会っていると、親の対応の変化こそが、お子さんの成長の鍵を握っていると感じます。

子どもに決めさせる

次に、後者の同調・従属的なタイプの子どもの場合はどうでしょうか。こうしたお子さんは、いつも答えは外から与えられ、自己決定の機会が少ないという特徴があります。自分では何も決められず、判断できなかったり、あるいは、誰かが決めてくれるから、自分が決める必要はないと考えていたりします。そのうちに、何でも人任せになって、漫然と周囲に同調することが当たり前になることもあります。朱に交じわれば、たちまち赤くなってしまうので、健全な人たちに囲まれていれば安心ですが、友だち付き合いの延長で、ためらいもなく非行に手を染めてしまうこともあり得ます。

また、無批判に周囲の意見に同調・追随しているうちに、周囲の意見と異なる考えや価値観を認められなくなる場合があります。世の中には多様な意見があり、これらを調整し、折り合いながら、物事は運んでいきます。思考の柔軟性が失われると、他者の意見を聞く耳を持ち、それを受けて、自分の意見を振り返ったり見直すといった作業ができなくなります。

こうした姿勢は、それなりの時間をかけて身に付けていくものであるだけに、自主性を育て直し、自分の考えを持てるようになるには工夫が必要です。少年院でのトレーニングの様子を少し紹介しましょう。少年院は、同年代の子どもたちとの集団生活が中心です。そこで、ホームルームの時間に、一人ずつ自分の意見を言う機会を必ず作る、係の責任者に指名して、責任を持って活動する機会を作るといったことをします。日常のささやかともいえることですが、その特徴はこれを繰り返すところにあります。生活に根ざした日々の実践が、子どもに気づきや変化をもたらします。うまくできなくても、トレーニングは続きます。答えを教えるのでなく、考える方法や手がかりを教えます。そして、教官は、小さな変化も見逃さず、励まし、子どもの変化を気長に待ちます。

お子さんが、従順すぎることが心配になったら、まずはお子さんに対する接し方を振り返ってみましょう。親の対応が変わると、お子さんは必ず変わります。お子さんを信じて、待ってみてください。

4

注意をすると大声を出したり、物に当たったりします。

思春期になると、大人に対して反抗的な態度をとることは珍しくありません。また、親に注意されてドアを乱暴に閉めたり、大声を出したり、場合によっては、壁や物に当たって壊したりすることがあります。

ふてくされたり、きつい言葉で反抗したりということは、一般的には、父親よりも母親に対して見られます。乱暴な言動は、自分よりも弱い相手に向かいがちで、加えて、母親には甘えを見せやすいということも関係しています。

子どもが直面している課題に想像をめぐらせる

こうしたお子さんの行動にはどのような背景があるのでしょうか。理由は一つではありません。思春期は、心と身体の成長期にあって、子どもにとって、その急激な変化に対応することは意外に難しいことです。ささいなことでイライラしたり落ち込んだり、気分が揺れ動きます。また、この時期は、学校でも、勉強や部活動、先生や友だちとの人間関係で悩んだり、ストレスを感じたりするものです。まじめでおとなしい子や自己主張が苦手な子どもが、ストレスを抱え、我慢に我慢を重ねたすえに、ついに爆発してしまうということもあります。

お子さんに乱暴な言葉遣いが見られる、物に当たるということがあれば、まずはお子さんがどんな悩みを抱えているのかを知ることが大切です。

家族に暴力を振るうとなると事態は深刻です。行動がエスカレートしないよう、ご自身が子どもだったときの経験も思い起こしながら、ともかく、何がお子さんに起きているのか想像を働かせてみてほしいのです。

例えば、学校で友だちとけんかをした、先生に叱られた、勉強についていけない、部活動を辞めたい、親の過保護や過干渉が嫌だ、転校をして環境の変化に順応できない、自分の気持ちを分かってもらえない、相談できる相手がいないなど、悩みは実に多様です。中には、いじめや、虐待の被害など、すぐに対処が必要な事態もあります。

お子さんの様子が少し違うと感じたら、何かあったに違いないという目でお子さんの様子を振り返ってみると、さらに気づくことがあるでしょう。

どう対処すればいいでしょうか～A君の事例から～

少年院に入院してきた子どもの中にも、家庭内暴力の問題が見られる場合があります。

A君は、中学校で仲間外れに遭ったことがあり、先生が間に入って、問題は収まったのですが、学校を休むようになりました。お母さんは、A君に学校に行くように言い、毎朝、母子は言い合いになり、そのうち、A君は、自分の意思を通すために、大声を出したり、壁や物を叩いたりするようになりました。お父さんは、学校に行こうとしないA君を強く叱り、叩くことがありました。あるときから、A君は、お父さんに叱られるのは、お母さんが言いつけるからだと言い始め、お母さんに暴力を振るうようになったのです。

A君の家庭内暴力の背景には、いくつかの問題が関わっています。暴力が見られたとき、これを力で押さえつけることは容易ではなく、むしろエスカレートしていく危険があります。「急がば回れ」と言いますが、A君が、親に一番理解してもらいたいことは何なのか、悩みを知り、その手当てをすることが事態を収める上で有効であることが多いのです。

A君にとって、中学校で仲間外れに遭ったことは、とてもショックなことでした。また、お父さんは、子どもに問題があるときは、強く叱る必要があるという考えを持っていました。A君は親にどうして欲しかったのでしょうか。A君は、お父さん、お母さんには、学校に行くように言うばかりではなく、A君の悲しみ、悔しさ、格好の悪さ、学校に行けないことをめぐる不安を知ってもらいたかったのです。そして、親はいつでもA君の味方であるという実感が欲しかったのです。

暴力が深刻である場合には、暴力そのものの問題性を考えさせることも必要です。少年院では、非行や問題行動の背景の一つにある、子どもの悩みを担任の教官がじっくりと時間をかけて聞き、そのことと同時に、暴力防止のためのプログラムなどを実施します。例えば、暴力を振るわずに、適切に自己表現をしたり、問題を解決したりするため、具体的な方法を身に付けるのです。また、家族関係については、どんな問題があり、自分はどうすればよかったのか、親の気持ちを想像したりしながら、家族との適切な関わり方について考えます。

A君は、少年院の中で、お父さんやお母さんとの面会を重ね、昔から、お父さんに強く叱られると本当に怖かったこと、自分の言い分に耳を貸してくれないときは悔しかったという気持ちを伝えました。お母さんには、お父さんに叱られているときには、間に入って、かばってもらいたいと思っていたことを伝えました。お母さんからは、A君に暴力を振るわれて、どのような思いであったのかを聞きました。このような積み重ねを経て、A君はお母さんに謝ることができ、両親との関係は改善されていきました。

専門機関の力を借りる

家庭内の問題については、相手が専門家であっても相談はためらわれるものです。ただし、暴力がある場合には、周囲への危険が伴います。どうしたらいいかと困ったり、迷ったりしているうちに、対応が後手になり、事態が深刻化していくことは少なくありません。様子を見守ることでいいのか、お子さんの状態は深刻なものなのかを知りたいということで、学校、児童相談所などの相談機関、警察、病院などに相談することも一つです。

深刻な事態に至らないよう、ときには、お子さんとのコミュニケーションの具合を振り返ってみましょう。大切なことは、お子さんが安心して話せる場があること、そして、親はいつも味方であるということがきちんと伝わっていることです。

5

部屋に引きこもって、家族と過ごしたがりません。何を考えているのか分かりません。

少し前まで、親や兄弟姉妹たちとテレビを見たり、他愛のない会話を楽しんでいたりしたお子さんが、気づくと、口数が少なくなり、最近では、話しかけても生返事で、何を考えているのか分からない。

思春期の子どもは、楽しそうにしていたかと思えば、急に反抗的になったり、あるいは内にこもったりと、こうした態度の変化には、親としては面食らうことが少なくありません。これは、お子さんも同じで、よく分からないけれども、ささいなことが気になり、つい乱暴な言葉や態度で反応してしまう自分に戸惑っています。少し時間が経つと、相手に悪いことをしたと思うのですが、素直に謝ることができないということもあります。

お子さんのこうした変化は、どの家庭でも見られるものですが、親として気を付けたいことはあります。それは、健康面も含めたお子さんの状態と、こうした変化に、何か大きな問題が隠れていないかということです。

どう対処すればいいでしょうか～B君の事例から～

B君は、高校ではサッカー部に入り、レギュラーではないけれど、チームメートとの絆も強く、サッカーに打ち込んでいました。小学校から続けてきたサッカーが大好きで、高校でも楽しそうに取り組んでいました。それが、高校2年生になる頃から、家でのB君の態度が少しずつ変わり始めました。

最初の兆しは、お母さんとの会話が減ったことです。それまでは、聞かなくても学校であったこと、友だちと話したこと、いろいろなことをお母さんに話してくれました。それが、お母さんが話しかけても、聞いているのかいないのか、上の空で、生返事を返すことが増えていきました。

お母さんは、明るく元気だったB君が無口になっていったことが心配で仕方ありません。ついあれこれと話しかけたり、尋ねたりしているうちに、だんだんB君は返事もしなくなり、露骨に不快な顔をするようになりました。さらには、「うるせえ」、「うざい」といった乱暴な言葉を遣うようになり、お母さんはますます不安になります。

こうなると悪循環で、B君は態度を硬化させ、お母さんも感情的になっていきます。学校にはきちんと通い、部活動も変わらずに続けていますが、家に帰ると、ついに、B君は、食事などの必要なとき以外は、部屋にこもりがちになりました。

B君には中学生の弟がいますが、家の中のこうした険悪な雰囲気は弟にまで悪い影響を与え、ささいな言葉のぶつかり合いがきっかけで、兄弟の交流も絶えてしまいました。相談できるお父さんは単身赴任中で、家族がばらばらになっていくことに、お母さんは途方に暮れてしまいました。

成長と共に変わる子どもの気持ち

B君とお母さん、家族の交流が途絶えていった原因は、何だったのでしょうか。

今はこの問題を乗り越え、年齢にふさわしい関係にあるB君とお母さんに、当時を振り返ってもらうと、いくつかのヒントが見えてきます。

B君によれば、高校生になり、お母さんの干渉が嫌になったことが大きかったそうです。B君は、同級生から、親との関係についていろいろな話を聞いていたようです。そして、お母さんに何でも話す必要はないのではないか、親の目を気にせず、もっと自由でいたいと思うようになったと言います。

お母さんにとっては、B君は、高校生になっても幼いところがあって、心配は尽きませんでした。それまで、自分にまとわりついていたB君が、急によそよそしくなってしまい、戸惑いや不安でいっぱいになってしまったと言います。

思春期に入ると、親の思いとは裏腹に、子どもは、自分のことは自分で決めたい、親の言いなりになりたくないという意識が芽生えてきます。しかし、自立は、ある日突然にできるようになるものではありません。様々な場面で挑戦し、失敗し、少しずつ身に付けていくものです。これが成長です。

B君は、お母さんに何でも話す代わりに、自分の中で、どうしたらいいだろう、自分としてはこうしたい、お母さんだったらどう言うだろうかと、考えをめぐらしていたのです。そんなときに、お母さんから友だちや学校のことをあれこれ聞かれると、自分の大切な領域に踏み込まれた感じがして余計反発したのでした。

お母さんから見ると、B君は、部屋に引きこもって、様子が分からなくなってしまった状態でしたが、実は、B君の頭と心はとても忙しく動いていたというわけです。そして、B君が、お母さんだったらどう言うだろうかという考えも浮かんだと話してくれたように、B君の中には、お母さんの存在は変わらずにいたのです。

親が変わると子どもが変わる

関係修復のきっかけは何だったのでしょうか。

困り果てたお母さんは、お父さん、B君の同級生のお母さんたちからのアドバイスに耳を傾けました。一度、頭を冷やして対応しようと考えたのです。B君のお母さんは、B君を質問責めにすること、B君の考えを頭から否定することを意識的にやめました。そしてB君の方から何かを話してくれるときは、その言葉を一生懸命聞いたと言います。次に、お母さんが始めたことは、B君の表情、目の動き、口調、態度に注意することでした。すると、今日は何かいいことがあったようだな、少し調子が悪そうだなということが分かるようになったそうです。こうしてお母さんの姿勢が変わったことで、B君も少しずつ態度を軟化し始めました。時間はかかったけれども、このことをきっかけとして、親子の絆、兄弟の結びつきが深まったとお母さんもB君も感じています。

お子さんが考えていることを知る方法は、言葉のやり取りだけではありません。お子さんを理解しようと五感をフルに使うこと、そして、お子さんのペースに合わせることの大切さをこの経験談は教えてくれます。

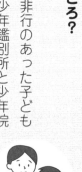

Column ①

少年鑑別所、少年院ってどんなところ？

少年鑑別所と少年院は、いずれも非行のあった子どもに関わる国の機関です。ここでは、少年鑑別所と少年院の違い、最近の非行などについてご紹介します。

少年鑑別所と少年院

具合が悪くなると、私たちは医者に診てもらいますね。処方箋を頂いて、薬を飲んで安静にして治ることもあれば、詳しい検査を受けて治療方針を決めることもあります。治療のために病院に入院することもあります。

病気になぞらえると、「少年鑑別所」は、家庭裁判所が処分を決める前に、どうして非行を起こしたのか、どうすれば立ち直ることができるのかを調べるところです。そして、一人ひとりの立ち直りに必要なカルテや処方策に当たる資料を作っています。

心の理解には、人間科学の知識や技術が役立ちます。少年鑑別所では、心理学を専門にする職員（法務技官（心理））などが、様々な心理検査も活用して、この仕事をしています。

一方、「少年院」は病院への入院に似ています。家庭裁判所による処分が決まった後の子どもを、一定期間（半年間、1年間、それ以上もあります。）、施設に預かって、立ち直りに向けた教育を行っています。一人ひとりの特性と問題性に応じた計画に基づき、教育学等を専門とする職員（法務教官）が担任となって、一緒に悩み、喜び、励ましながら、子どもたちの健全な育成を支えています。

非行の昔と今

最近の子どもたちの非行は少し様子が変わってきました。少年非行は減少傾向にあります。以前は、暴走族、校内暴力など、強い仲間意識と大人への反発、そして、シンナー吸引などの非行が多く見られました。最近は、親密な人間関係が苦手な子どもが増え、友だち関係が限られていて、家族や恋人など、身近な相手への暴力などの非行が目立ちます。

一方、昔と今も変わらない特徴もあります。12歳から19歳までの各年齢時の非行少年率（各年齢の10万人当たりの刑法犯検挙（補導）人員）を見ると、昔も今も、15、16歳頃にピークがあり、成人に近付くにつれて、多くの子どもが非行から「卒業」していきます。思春期は、成長に伴う悩みや葛藤が、問題行動や非行として表に出やすい時期です。お子さんが中学生・高校生になったら、今が一番大切な数年間と思って、特に注意深く、その成長を見守る必要があることを理解していただけるのではないでしょうか。

少年鑑別所、少年院は、非行のあった子どもに関わってきたノウハウを活用して、学校やＰＴＡが主催する研修会などで、「思春期の子どもの理解と望ましい接し方」などのテーマで、職員を講師として派遣することもしています。次代を担う子どもたちの健やかな成長を見守り、支える、地域の輪に、少年鑑別所、少年院も加わり、非行・犯罪のない社会づくりに貢献をしていきたいと考えています。

（西岡　潔子）

第2章

学校

1
勉強もスポーツも、得意なものがありません。飽きっぽくて、将来が心配になります。

親としては、子どもには、できれば良い成績を取ってほしい、スポーツで活躍してほしい、何ごとにも粘り強く取り組んでほしいと願うものです。

兄弟姉妹で、上の子は練習熱心なのに、下の子はすぐにやめてしまうと、つい「お兄ちゃんは頑張っているのに、なぜできないのか」と言いたくなるのはよくあることです。勉強やスポーツ、音楽などが得意だったり、不得意だったりするのは、一人ひとりのお子さんの特性です。

やりたいことを見つけられるように

親が心配に思っている事柄を、お子さんはどう受けとめているのか、まずは、これを知ることが大切です。

学校で目立つ存在ではないものの、良い友だちに恵まれていて、学校生活に悪い感情や困っていることもない。お子さんも満足している。それはすばらしいことであるのに、こうあってほしいという親の思いが先行してしまうと、意識するしないに関わらず、とかく高い要求水準で子どもに期待を押し付けてしまうことがあります。

一方で、お子さんが、勉強や運動ができないことに悩んでおり、自信を失っているときは、対応を一緒に考えていく必要があります。深刻な問題に発展していないかを確認しつつ、お子さんが傷つかないように、親からは、「こうしたらどうかな」と提案するという姿勢が大切です。

飽きっぽいのは、一つのことをやり続けるだけの知的好奇心や、達成したいという動機が、まだ十分に高まっていないこともあります。好きになれそうか、まさに思案中ということもありますし、失敗してしまう不安から、「自分には向いていない」というような考えを抱いていることもあります。

中学生、高校生の頃は、自分が何者であるかというアイデンティティ（自我同一性）を固めていくための準備期間となります。様々な事象に興味を持ち、チャレンジできる時期でもあります。お子さんが、自分はこれが好きだ、得意だと思えるものが見つけられるよう、多様な機会を与えることと併せて、特に大切にしたいのは、失敗を恐れずに、いろいろなことにトライする気持ちを支えることです。

スモールステップで自信を育てる

非行のあった子どもの中には、勉強の基礎ができていないために、小学校6年生程度の国語や算数のテストで良い点をとれない子どもがいます。「真面目にやらなかったから」と勉強に自信がなく、小学校3、4年生頃など、比較的早い時期から勉強につまずいていることがあるのです。

勉強に関して大切なことは、基礎的な学力固めと、やればできるという自信を持たせていくことです。例えば、少年院では、漢字検定を行っています。小学校レベルからスタートして、順番にクリアしていくのですが、約1年間という教育期間の中で、中学校卒業程度や、中には高等学校卒業程度のレベルまで達する子どもたちもいます。漢字が書けると、毎日の日記や作文の内容が充実してきます。文章力が高まると、他の勉強の理解がスムーズにできるようになり、語彙も増え、会話が広がります。

一つひとつクリアしていくことによって、やがてそれは、子どもの自信になっていきます。ここで大切なことは、達成感が得られるように、課題はスモールステップにすること、褒める機会を作ること、合格したら賞がもらえるなど目に見える形で成果や努力を認めたことを残すことです。子どもは、自信を失いやすい反面で、回復する力も持ち合わせています。そうした前向きな力を信じて、長所をうまく発揮できる環境を整えたいものです。

どう対処すればいいでしょうか～Cさんの事例から～

Cさんは、勉強や運動があまり得意ではありませんでした。高校に合格したものの、行くことは少なく、家の自室にこもる生活が続きました。家族は、学校に行くよう働き掛けますが、やがて家族に対して「うざい」、「うるさい」と反発を強めていきます。そのうち反発は暴力に変わり、家族に怪我を負わせてしまいました。

学校には、友だちらしい友だちもおらず、人と話すことが苦手でした。人と話すときには、緊張して、自分の思っていることを十分に伝えられませんでした。気の小さな、おとなしい子どもだったのです。

Cさんは、少年院でも、初めは、他の子どもとコミュニケーションをうまく取ることができませんでしたが、生活に慣れて、周囲の環境に安心感を持つようになると、自分から話し掛けることも増えていきました。

Cさんはきれい好きで、教室や、皆で使う部屋の掃除の時間は、黙々と手を動かし、隅々まできれいにします。教官や他の子どもは、そんなCさんを褒めてくれます。Cさんはそれが嬉しく、やりがいを感じるようになりました。

出院が近くなり、Cさんは清掃業の仕事をしたいと希望します。きれいに掃除することで人の役に立ちたいと思ったのです。家族も賛成し、ハウスクリーニングの会社に就職することができました。その後、Ｃさんから少年院宛てに真面目に仕事を続けていることを知らせる手紙が届きました。手紙には、難しい場所の清掃を任されるようになったこと、職場の人たちと話もできるようになり、親しい友だちができたことなどが書かれていました。

子どもにどんな適性があって、将来どのような喜びややりがいに結びつくかは分かりません。進路は、周りも子どもも気づかなかった、思いがけないところで拓かれることがあります。多くは、そこにたどり着くまでに試行錯誤と時間が必要です。親からすると難しく思われることも、お子さんの希望は頭ごなしに否定せず、時間をかけて親子で話し合いましょう。そのやり取りの中で、お子さんの興味関心を引き出していくこともできるでしょう。

忘れ物が多く、よく注意を受けます。

学校や会社、地域社会など、集団にはその活動を維持し、円滑に運営していくために共有するルールがあります。学校の校則もこれに当たります。

中学生になると、校則は明文化されて、生徒手帳などが配られます。生徒一人ひとりが守らなければならない学校生活の規則として、子どもたちに明確に意識されていきます。

一方、高校では、内容はシンプルになりますが、退学、停学、訓告といった罰則が設けられ、校則に従った自律的な行動が期待されるようになります。

なぜ規則があるのか

そもそも、どうして校則を守らなければならないのでしょうか。一人が守らないことで他の人に迷惑を掛けるから、あるいは、勝手な言動は他の人に悪い影響を与えるからという答えが浮かびます。

授業時間に教室の中でふざけていれば、勉強に集中している同級生に迷惑を掛けます。先生が注意をするたびに授業が中断すると、他の多くの生徒に影響を及ぼすことになります。

また、若者の服装には、流行があります。少し前には、ズボンを腰下にずらした「腰パン」が若い男性の間で流行ったことがありました。これを学校で誰かがやると、あっという間に広まってしまいます。だらしない印象を与えますから、おそらく学校では注意をされるでしょう。

規則は、一人ひとりが安心・安全に生活を送るための枠組みです。自分の安心を守るためには、他の人がルールを守ってくれる必要がありますし、自分が規則を守ることは、他の人の安心を守ることになります。

子どもは、やがて社会に出て、自立した社会人、職業人として生きていかなければなりません。遅刻しない、無断で仕事を休まない、約束ごとは守るなど、社会の中で生きていくためには、当たり前のこととして、守ることを期待されるルールがたくさんあります。大人になっていく子どもに、規則を守る大切さ、行動の選択に当たって、何を優先するのかという価値観を作っていくことは、他者への共感性、道徳性を育むことにもなります。

「モラルジレンマ」という言葉をご存じですか。物の見方や考え方には、様々な価値観が関わってきます。特に、道徳的な事柄は、相反する価値観の中で判断をしなければならず、こうした葛藤状態を指す言葉です。「モラルジレンマ」に関する題材は、教科書などでも扱われていますから、親子で、自分ならどういう選択をするか、その理由は何かを話し合ってみるといいでしょう。お互いに、何を重視し、どのような考え方をしているのかを知ることもできます。

「守らない」のか「守れない」のか

お子さんに、規則を破る行動が繰り返し見られるときには、規則を「守らない」のか「守れない」のかを考えてみることが大切です。

「守らない」には何らかのお子さんの意図や意識が働いています。程度はともかく、規則を破ることを、お子さん自身がよしとする気持ちがあるということです。そこには、大人や社会に反発したい気持ちだけではなく、様々な感情があります。もし、分かっていて忘れ物を繰り返しているようであれば、学校のルールに従うことがお子さんにとって大切ではなくなっているサインです。学校生活、特に、先生や同級生との人間関係に、何らかのつまずきや悩みが隠れている可能性もあると考えて、お子さんと話をしてみましょう。

次に、「守れない」です。これは、お子さんを注意し、自分で考えさせるだけではうまくいきません。お子さんも何とかしたいと思っていますが、どうすればいいか分からず困っています。周りの大人も一緒に、どういう事情があるのか、お子さんに合った方法は何かを考える必要があります。

例えば、忘れ物が多い原因が、登校前に、授業の準備をする時間が十分にないことであるならば、家族も協力して、お子さんの生活リズムを整えてあげることで改善します。早起きの代わりに、前日に準備をする習慣を作ることも一つの方法です。

授業に必要な物を覚えていないために忘れてしまう場合に、学校ではきちんとメモを取るよう、学校の先生に協力をお願いし、習慣化することで、忘れ物が減ったというお子さんもいます。

どう対処すればいいでしょうか〜Dさんの事例から〜

非行のあった子どもの中には、忘れ物が多い理由に、少し複雑な事情が隠れている場合があります。

Dさんは、お父さんと年の離れた弟妹たちの4人家族です。お父さんは、仕事で忙しく、月に何回か出張もあって家を不在にします。Dさんは、長女として自分が弟妹の面倒を見なければと家事をがんばっていましたが、自分のことや学校のことは後回しになりがちです。お父さんは、Dさんは家の事情を理解してくれる良い子だと思っていて、学校の先生から忘れ物が多いと教えられ、初めて、Ｄさんの気持ちに余裕がなく、学校生活を楽しむことができなくなっていたことを知りました。Ｄさんは、経済的に苦しく、忙しいお父さんへの遠慮もあって、授業で必要な物があるから買ってほしいとなかなか言い出せず、実は困っていました。

親や先生から注意を繰り返し受けるうちに、親との会話が嫌になってしまったり、学校に行くこと自体がわずらわしくなってしまったりすることは少なくありません。規則をめぐる問題としては、忘れ物が多いという、一見、単純な問題ですが、そこにお子さんの小さなＳＯＳが隠れていることがあります。早めにそのＳＯＳに気づくことができれば、対処の選択肢は複数あります。「守らない」のか「守れない」のか、お子さんが、今、どのような状況に置かれていて、何を感じているのかに耳を傾けるための時間を作ることから始めましょう。

急に成績が落ちました。

成績は変動しやすいものです。中学校や高校の頃を思い出してみると、成績が急に伸びたり、反対に落ちたりした経験があるのではないでしょうか。勉強は、学校生活での中心的な事柄ですから、親にとってもお子さんにとっても、成績は大きな関心事となります。

お子さんの成績が落ちると、怠けているのではないかと感じて、叱りたくなるかもしれません。原因はお子さんの努力不足ではないこともあります。成績は相対的なもので、お子さんなりにがんばっているかもしれませんし、背景には、いろいろな事情が隠れていることもあります。

もし、これまでと比べて、急に成績が落ちてしまったのであれば、成績低下は、生活面や心情面で何らかの変化が生じているというサインです。お子さんが今どういう状況に置かれているのか、悩みがあるとすれば、それは一過性のものであるのか、長く続くものなのか、どうすることがいいのかを一緒に考えるきっかけにすることが大切です。

つまずきの原因を共に探る

まずは、お子さんが現状をどう受け止め、どう感じているかを知ることです。成績が振るわないことを親に相談したくても、怒られると思ってなかなか自分から言い出せないでいるという場合があります。成績が落ちたことを気にしていない、仕方がないと開き直っている、あるいは、あきらめている、別の悩みを抱えていて、勉強に集中できないということもあります。

お子さんがどんな状況にあって、どんな気持ちでいるかを聞いてみてください。

このときにあらかじめ心しておきたいことは、話題は、ときに成績のことから離れ、部活動のこと、先生のこと、友だちのこと、将来のことなどへと移っていく場合があるということです。親には打ち明けにくい話題もあるでしょう。結論を急がず、お子さんの話したい順番とペースに合わせることが大切です。

お子さんの話から、例えば、大会を間近に控えて部活動が忙しかった、行事の準備で勉強する時間がなかったなど、イベントに一生懸命で、勉強がつい疎かになったということや、勉強の仕方に問題があったなど、親として、状況が腑に落ちて、一過性のものと判断できれば安心します。お子さんも教訓を得ているでしょう。「次は、がんばろう」と激励のメッセージを伝えることができます。

一方で、「勉強しても仕方がない」、「勉強する意味が分からなくなった」などのように学業そのものへの拒否反応が生じていたり、学業以外の問題でストレスを抱えたりしていて、生活そのものに支障が生じているような場合には、その対処方法を子どもと一緒になって考えなければなりません。

特に、多いのは、先生や他の生徒との人間関係に悩んでいる場合です。思春期は、感受性が強く、過敏な年代でもあります。先生や他の生徒の発した何気ないひと言でも、心にわだかまっていることがあります。学校が、お子さんにとって楽しい場ではなくなると、学業に集中できなくなり、ますます学校がつまらなくなっていくという悪循環は珍しいことではありません。

お子さんの行動で気になることがあったときに大切なことは、話題にするタイミングです。少し時間を置いた方が、お子さんも落ち着いて話ができるという場合は確かにあります。一方で、時間が経ってから「あのときは、こうだった」と持ち出すと、素直な反応ができなくなることもあります。また、成績が落ちたことを叱られるのではないか、親にきっと理由を聞かれるだろうと、お子さんなりに予測しているのに、親から何も言われないとなると、逆に、親は自分に関心がないと受け取ってしまうこともあります。

親として、気になることがあったときは、そのままにせず、お子さんの変化に気が付いているということをさりげなく伝えることは、お子さんにとっては、見守られている、気に掛けてもらっているという安心感を与えます。

どう対処すればいいでしょうか～E君の事例から～

少年院でのE君のことです。進路に迷っているE君に、親はある学校の受験を強く勧めています。それに対してE君は、「そうだね」と生返事です。その数日後、E君の元には、問題集や通信教育のテキストと課題が山のように送られてきました。E君はこれらの教材になかなか手をつけようとしません。

少年院の教官には、E君の学校での成績、学力テストの結果を考えると、親の要求水準はとても高く、E君にはこうした期待に応えるだけの学力も意欲もないように見えました。親が自分の進路を考えてくれていることは分かるので、E君は、乗り気でないと打ち明けることもできなかったのです。

この親子のやり取りから、親子のコミュニケーションは十分だったのか、勉強の主体であるはずのE君の意向を親はどう考えているのだろうと疑問がわくことでしょう。E君の親は、E君の成績が思うように伸びない原因を探るよりも、成績が悪いという現状を気にし、将来困らないように何とかしなければという焦りが強く働いていたのです。

このＥ君の事例でも分かるように、親には親としての思いや子どもに対する期待があり、子どもには子どもなりの悩みや苦しみがあります。お互いに歩み寄る努力をしてもなお、ボタンを掛け違ってしまうことも親子の間ではよくあることです。

親子の間でうまくいかない悩みは、必ずしも家族だけで解決しなければならないわけではありません。また、学校に相談しづらいこともあるでしょう。そういうときには、家族だけで抱え込まず、第三者的な立場の人や、専門の機関を頼ってみてはいかがでしょう。最近では、子育てに関する相談ができる公的な窓口や民間のカウンセリング機関、学習支援を行うＮＰＯ法人なども増えてきています。

どこかに相談することによって問題解決の糸口が得られた事例は、沢山あります。

部活動に行きたがらなくなりました。

部活動に行きたがらない、あるいは、急に行かなくなったというのは、親にとって心配の種です。「どうして部活に行きたくないの」と聞いても、「つまらないから」、「行ってもしょうがない。意味がない」などと、親としてはしっくりしない答えが返ってくるかもしれません。

部活動は、学校生活の中で勉強と並んで、多くの時間を割り当てられ、文化部、運動部などのいずれかの活動への所属が求められる場合もあります。同じ目標に向かって皆で努力したり、喜びや悔しさなど、様々な感情を他者と分かち合い、経験することによって、社会性や対人スキルが養われ、成長していきます。お子さんも、行った方が良いことは分かっているでしょう。「行かない」という意思表示は、お子さんにとっては大きな決断です。

行きたくない理由は様々

部活動に行きたがらない理由は、どのようなことが考えられるでしょうか。

部活動では、学校のクラス、学年という同年齢の関係から、先輩、後輩の上下関係、学校内外の指導者、ＯＢやＯＧ、他の部活動、他の学校と交流するなど、人間関係が格段に広がります。

周りの人から冷たくされている、先輩から厳しく対応される、指導者の指導方法や方針が合わないなど、人間関係から受けるストレスや悩みを抱えている可能性はあります。

また、部活動では、試合や大会に出場できたりできなかったりといった、競争や勝ち負けの要素もあります。一生懸命がんばっても上手にならない、試合に出られないということが続くと、努力が結果に結びつかないことへの不安や焦りは、学校の勉強以上にあるかもしれません。部活動に行きたくないという理由には、応援してくれる親や周囲の期待に応えようとがんばりすぎて疲れてしまった、少し休みたいという場合もあります。あるいは、他にやりたいことができたなど、方向転換ということもあるでしょう。

F君の高校では、部活動の運営は生徒の自主性を重んじて、生徒主体の和やかな雰囲気で行われていました。F君は、中学校のときは、熱心で厳しい指導者の下でストイックにやってきたので、こうした雰囲気になじめず、「一生懸命になれないから部活動を辞めたい」と言い出しました。F君は、部活動を辞め、代わりに、F君と似たような考えを持つ仲間のいる、学校外のクラブに入って、これまでと変わらず夢中に練習を重ねています。

Gさんの場合は、周囲との関係も良好で、休むことなく一生懸命部活動に参加していましたが、突然に「どうして部活をやっているのか分からない。辞めたい」と言い出しました。よく話を聞くと、体力的にきつく、成績が下がったことを気にしていました。Gさんは、進学を希望していて、このままでは、その夢を諦めることになるのではないかと心配になったのです。親子で話し合い、Gさんの生活リズムを見直し、無理のない範囲で部活動を続けることになりました。

一度、始めたことであれば、親としては簡単に諦めずに続けてほしいと思うものですが、部活動に求めるものはお子さん一人ひとり異なり、成長の過程でも変わっていきます。部活動を辞めたいという言葉が、自分の時間を何にどれだけ使うかという選択を、お子さんが主体的にしたいという意思表示であるならば、その選択を見守るということに大きな意味があります。

自分で決め、その結果も受け入れる経験

非行のあった子どもの中に、かつて部活動で挫折したことが非行の背景にある場合があります。

Hさんは運動が得意で、親が勧めたスポーツに打ち込み、中学校では優秀な成績を収めて、高校に特待生として進学しました。親は、幼い頃からHさんの練習に付き合い、一生懸命にサポートしていました。ところが、高校入学後しばらくすると、Hさんは部活動に行かなくなります。特待生で入学したので、学校には居場所がなくなり、街で出会った友だちと夜遊びを繰り返

すようになって、非行を犯してしまいます。

Hさんは、部活動で良い成績を取らなければというプレッシャーの中で、思うような結果が出せず自暴自棄になっていました。自分には何の取り柄もないと、すべてに自信を失っていました。親は、その後も、Hさんに活躍して輝いていた頃を思い出してほしいと、地域のチームを探したり、関連する雑誌などを渡したりしますが、Hさんは関心を示しません。ときには、親のせいで、こんなふうになってしまったと怒り出すこともありました。

しばらくするとHさんは、自分にできることを一から始めたい、働いて自立したいと考えて、学校を辞めて、希望する職種の会社に無事に就職しました。仕事は、慣れないことも多く、活躍できるまでには時間はかかりそうですが、充実した毎日を送っています。

Hさんが部活動に行かなくなった頃、もし、Hさんが何に苦しんでいるのか、また、親はどれほど心配しているのかといったことをお互いに確認し合えるような場面があれば、少し経過は違ったかもしれません。

しかし、Hさんは自分のやりたい事を見つけたのです。部活動を通じて培った行動力が役に立った面もありました。親として必要なことは、お子さんが置かれている状況や考えを理解し、悩みがあれば一緒に考えることですが、お子さんが何かを選択しようとしているならば、そばで見守り、必要なサポートをしていくことも大切です。

親や周囲の期待に応えて、そのレールに乗ってしまったという思いがお子さんにあると、思うようにいかなくなったとき、失敗したときに、「本当はやりたくなかった」、「親のせいでやりたいことができなかった」といった責任転嫁や悔いが残ります。お子さんが、ほかの誰でもない自分で決めたという実感を持つことに価値があります。もちろん大きな決断をする前には、よく準備をすることは必要です。そうしたアドバイスと、お子さんが自分で決め、成功しても失敗しても、その結果を受け入れるという経験を大切にして、見守ることも親の役割といえます。

5 学校に行きたがりません。理由を聞いても話してくれません。

お子さんが学校に行きたがらなくなった。親が理由を尋ねても、ただ首を横に振るばかりで何も答えません。あるいは、答えても、「別に…」だけ。そのうち、学校に行かなくなってしまった。

こうしたことは、親にとっても子どもにとってもつらい大変な出来事です。当然ですが、親はとても心配になりますから、根掘り葉掘り聞きだそうとします。それでも、お子さんが何も答えないと、つい感情的になってしまう。それでますますお子さんは殻に閉じこもる。これでは悪循環ですね。

学校に行きたくない理由

それにしても、いったい学校で何があったのでしょう。どんなことが原因として考えられるでしょうか。

友だちと仲が悪くなった、先生との間で何かつらいことがあった、部活動で先輩に厳しくされた、勉強が分からず、何もかもが嫌になったなどが考えられます。

学校では、先生や同級生、部活動の先輩との関係など、様々な人間関係の中で戸惑ったり、傷ついたりすることもあるでしょう。特に、中学校や高校に進学したばかりの頃は、新しい環境になじめず、学校に行きたくなくなり、ついには行かなくなるということがあります。

また、中学校、高校になると勉強が難しくなり、ついていけなくなる子どもも珍しくありません。勉強が分からず成績が不振になると、当然、進路の悩みも生じてきます。

心も身体も急激に変化し、成長する時期ですから、それまでだったら何ともなかったようなことにも敏感に反応して、深く傷つくようなことにもなるのです。この時期の子どもたちは、心の状態が不安定でもあります。

仲のいい友だちの何気ない言葉や態度にショックを受けたり、先生の指導を必要以上に深刻に受け止めたりして、誰にも相談できず、一人で抱え込んでしまうこともあります。なぜ、相談できないのでしょうか。傷ついた出来事を自分の中ではなかったことにしたい、自尊心がさらに傷つくようなことはしたくないなど、お子さんにも見栄やプライドがあることも理解しておきましょう。

親や大人から見ればささいなことでも、お子さんには深刻な出来事です。

子ども一人ひとりの事情に応じた対応を考える

お子さんが不登校になったとき、私たち大人はどう対応すればいいのでしょうか。

全国の小・中学校、高校で不登校となった児童・生徒の数が報道されることがあります。かなりの数の子どもたちが、学校に行きたくない、あるいは行けなくなっているという現状に対して、文部科学省は、不登校とは、多様な要因・背景により結果として不登校状態になっているということであり、これを「問題行動」と判断してはならないということ、不登校児童・生徒への支援の視点として、学校に登校するという結果のみを目標とするのではなく、児童・生徒が自らの進路を主体的に捉えて、社会的に自立することを目指す必要があるとしています。

大切なことは、不登校を「問題行動」と決めつけ、学校に行くことだけを最終ゴールとするのではなく、子どもが陥った状況の中で、子どもなりにもがきながらも成長していく過程を、大人として、いかにそれぞれの事情や背景に応じたサポートができるかということではないでしょうか。

どう対処すればいいでしょうか～I君の事例から～

Ｉ君は、お父さんと妹の三人暮らしです。お父さんの仕事の関係で中学校2年生のときに今の中学校に転校したのですが、なかなか新しい学校になじめませんでした。最初はがんばって通っていたのですが、身体が大きくて少し乱暴な口調のＩ君には友だちもできません。

Ｉ君はそんな学校が面白くなく、次第に学校に行くのが億劫になり、休むことが多くなって、ついには不登校となりました。お父さんは仕事が忙しく、また、どうしても小学生の妹に手がかかるので、Ｉ君の変化にはなかなか気づかず、対応することもできませんでした。お父さんの目が届かないのをいいことに、Ｉ君は全く学校に行かず、先生が訪ねてきても居留守を使ってやり過ごしていました。

久しぶりに登校したＩ君は、けんかになった同級生に怪我を負わせて少年院に入院することになりました。Ｉ君のように学校に適応できず、非行により少年院に来る子どもは珍しくはありません。

少年院では、出院後の復学や進学に向けて様々な働きかけを行います。親や学校の先生との連携を密にして復学のための継続的な調整をします。同時に、子どもにも、その意思を尊重しながら、復学した場合に想定される課題に取り組ませ、同じ間違いを繰り返さないための方策を具体的に考えさせます。そうやって、子ども、親、少年院の教官、学校の先生が一緒になって、子どもたちの再出発にとって一番良い方法を模索するのです。

不登校となる原因や環境には様々なものがあります。こうすれば必ず解決するという特効薬はありません。学校に通うことが唯一の最終目標ではなく、お子さんが、自分の道を見つけ出すための、多様で地道な支援が重要です。

親が、焦らず、慌てず、長い目で見ること。そして子どもに寄り添い、その話をよく聞く。学校に行かなくてはいけないとか、行かなくてもいいとか、そういうことは敢えて言わず、とにかく少しずつ前に進むよう一緒に考える姿勢を心掛けましょう。子どもたちにとって、家庭という居場所があって、耳を傾けてくれる、味方になってくれる大人がそばにいるという安心感が何よりも大事です。

学校の先生ともよく連携しながら、じっくりと時間をかけて、お子さんにとって一番いい選択肢を見つけ出していきましょう。

Column ②

少年院ではどんな事が行われているの？

少年院は非行をした子どもを閉じ込め、罰する施設ではなく、矯正教育を行う施設です。少年院を参観された方からは、しばしば「全寮制の学校みたいですね」と言われます。子どもと寮担任職員（法務教官）が24時間生活を共にする中で、矯正教育が行われています。

教官がまず重視することは、子どもとの信頼関係の構築です。彼ら・彼女らの多くは、家庭、学校、地域社会で様々な葛藤にさらされてきた生育歴を持っています。子どもの心の扉が開いていなければ、どのようなメッセージも伝わりません。教官の言葉に耳を傾け、立ち直りたい（向上したい）という気持ちになるよう、教官を信頼できる大人だと分かってもらうことから始めます。そのために、教官は、辛抱強く寄り添い、時にじっ

くり話を聞き、本人のことを気にかけているのだということを繰り返し伝えます。

こうして始まる矯正教育には、様々なカリキュラムが用意されています。挨拶の仕方などといった基本的な生活訓練から、自分の犯した非行を振り返り、被害者の方に心から申し訳なかったと思う心を育て、自分の問題点を考えさせる指導、職業に関する指導、教科に関する指導、体育指導、行事などの特別活動まで、多彩な内容があり、それらを在院者ごとに個別に計画し、実施しています。

少年院出院後の生活を見据えた支援にも力を入れています。あらかじめ仕事を決めておくために、在院中に就職面接や職場見学をしたり、復学・転入学のために学校関係者と協議をするなどの取組もしています。また、施設内で、高校卒業程度認定試験を受験できますので、そのための学習指導にも力を入れています。

子どもは、こちらが思っている以上に、変わる力、成長の〝のびしろ〟も持っています。少年院に入院してくる前は、ハリネズミが針で威嚇するかのように、何かあればすぐに攻撃的になることで自分を守っていた子どもも、信頼できる教官の支えによって、素の自分に戻り、教育や支援を受ける中で、人と協調し、自分の役割を果たすことを実体験として学び、大きく変わっていきます。その成長は、自分が大切にされる経験を経て、非行への反省、他者への思いやりが育つプロセスであるとも言えます。

少年院では、退院者からの相談に応じていますが、出院後、相談や近況報告のために、連絡してくる子どももいます。

少年院は、子どもたちに、信頼できる大人が見守る中で、本来であれば、それ以前にしてこなければならなかった経験や学びをさせ、育て直しをする場所です。多くの子どもたちが立ち直っています。

（川島　敦子）

第3章

友だち

最近、付き合う友だちが変わったようです。悪い遊びをしているかもしれません。

お子さんが親しくしている友だちが「悪いこと」をしていそうであれば、親は心配になりますね。非行のきっかけの多くは、友だちや先輩からの誘いです。ただし、お子さんが一定の年齢を超えると、親は、その友だち関係を思うようにコントロールはできません。

友だちは変わる

中学生や高校生にとって、友だちは、学校への適応を左右する、とても大きな存在です。身近な人との関係が、環境への適応に与える影響は、大人も子どもも同じです。友だちとの関係は、その成長・発達に伴い変わります。

例えば、小学生の頃は、家が近所にある、親同士が親しいといった身近な友だちとゲームをしたり、公園で遊んだりするような、同じ体験を共有する関係が中心です。これが中学生くらいになると、性格や、好みが似ているといった共通点が重視され、お互いだけが知っている秘密や、約束事が仲間意識を強めます。逆に異質だと感じる相手を避けるところもあります。

もう少し成長すると、むしろ相手に自分と違うところがあるからこそ、親しくなりたいと感じ、結びつきを強めていきます。互いの違いを個性として認め合う関係です。このように、成長に伴い、友だち関係が変わることはごく自然なことです。

新しい友だちに求めていること

お子さんの年齢や成長にもよりますが、中学生から高校生頃の友だち付き合いは、先のとおり、同質性が仲間意識を強めます。友だちと同じ行動をしないと「つきあいが悪い」と言われたり、仲間に入れてもらえなかったりすることもあります。服装、髪型などの外見を同じようにしたり、行動を共にしたりすることで、お互いに結束を実感します。

もし外見上の変化や友だちの変化に気づいたときには、背景にあるお子さんの心の状態を知ることが大切です。お子さんにとって、新しい友だちがどういう存在で、何に惹かれているのか、積極的に仲間に入りたいと思っているのか、他に居場所がなく、しぶしぶ入っているのかということです。これについて親子で話し合ってみることは、親にとって不安の解消の第一歩になり、お子さんにとっても、自分の友だち付き合いを考えるきっかけになるでしょう。

例えば、お子さんが新しい友だちと付き合う理由が、次のようなことだとします。

①その友だちは、自分の気持ちを誰よりも理解してくれる
②その友だちとの遊びはめずらしい体験ができて楽しい
③他に付き合う友だちがいない

①は心理的な結びつきが強い関係です。②、③は行動を共にすることでの

結びつきが中心で、①のような思い入れはありません。

一見して行動や態度は同じであっても、背景にある心理は様々です。②、③のような友だちは、クラスが変わったり、進学して学校が変わったりすれば、自然に解消することも多く、なりゆきを見守ると良いでしょう。他方、①のような友だちは、長く関係が続く可能性があります。もし何か問題となる行動があるならば、大人が間に入って、距離を置かせる必要があるか、学校の先生など、他の意見も聞きながら対応を考える必要があります。

〝悪い〟サインを見逃さない

友だち付き合いが問題行動につながっていくようであれば、速やかに対処することが大切ですが、そのためには、悪いことをしている、巻き込まれているサインを見逃さないことが重要です。

例えば、友だちの名前を言わない、外出先をごまかす、見たことがない高価なものを持っているが、理由を言わないなどは、後ろめたい気持ちの表れです。親の直感でおかしいと気づいたのであれば、お子さんの変化に気づいていること、心配しているということをきちんと伝え、お子さんと友だちとの関係について話し合うことが大切です。

非行のあった子どもの多くは、友だち付き合いを変えることは難しいと言います。新しく知り合った相手と親しくなるのには、時間がかかります。気心の知れた友だちから離れることは、一人ぼっちになったような寂しさに耐えなければならないからです。また、万引きなど、一緒に悪いことをしているような場合は、お互いの秘密を抱えていることになります。関係を断つことは相手を裏切ることのように感じてしまうのです。

良くない友だち関係が始まっている場合には、そうした付き合いを断つことが難しくなる前に、サインに気づき、早めに対応することが重要です。

心配していることを伝え、関心を持った見守りを

今のところ、悪いサインは見当たらないが、やはり心配であるという場合

もあるでしょう。お子さんは、親からあれこれ詮索されることは嫌がるでしょうし、自立への準備を阻害することにもつながりかねません。

ここのバランスは難しいものですが、少なくとも、なぜ心配しているのか、親がどのような変化が気になっているかをお子さんに伝えることは大切です。親が温かい気持ちで見守っていることに、お子さんが気づくだけでなく、お子さんにとっては、自分の最近の様子が傍からどう見えているのかを振り返るきっかけにもなるからです。この前提として、門限、遊びに出かける場所など、友だちとの遊び方について、何をどこまで許容するのかは、あらかじめよく話し合っておくことが欠かせません。

2 学校でいじめをしているようだと先生に注意をされました。

学校からこのような話があれば、親は驚き、動揺もするでしょう。家庭でのお子さんの様子からは想像できないときは、そんなはずはない、何か理由があるに違いないと、先生の話を素直に受け取れないこともあります。

いじめ問題は、学校ごとにその対応のノウハウ等が蓄積されています。具体的な対応は、学校と相談しながら進めることが一番です。しかし、親には、学校とは異なる視点で、お子さんのこれからについて考える必要があります。

親の気持ちは脇に置き、ありのままの言葉に耳を傾ける

まず必要なことは、「いつ、どこで、だれが、だれに、何をしたか」という事実の確認です。当然のことと思われますが、これが意外に難しいのです。

人が語ることには、「事実」に「感情」や「理由」がたいてい一緒にくっついています。聞く側も、無意識に一部分を強調したり、軽く受け取ったりして、事実関係が分かりにくくなります。お子さんが、「相手は嫌がっていなかった」、「相手に同じことをされた」と言えば、これはいじめなのか、誰が悪いのかということに焦点が移り、「事実」がないがしろになることもあります。

「事実」を丁寧に確認する作業には、親子ゆえの難しさもあります。親が、お子さんをかばう気持ち、親としての責任、怒りや悲しみといった感情を抱くことは自然なことです。それでも、こうした親の気持ちは意識して脇に置き、お子さんが、ありのままのことを話せるよう、真剣に、そしてどんな言葉にも耳を傾けることが大切です。

「事実」の次は、子どもの「事情」、「言い分」を知る必要があります。大人から見ればささいなことも、お子さんは重大に感じている場合もあります。

例えば、友だちがからかい始めたから、同じように加わったという説明はよく聞かれます。そこからは、一緒にいる友だちに嫌われたくない、仲間外れにされたくないという、友だちとの関係性が関わっていることが分かります。

家庭や学校で、何らかの問題、環境の変化が起きているのではないかという視点で話を聞くと、両親がけんかをしていることに不安や悲しみを抱えている、勉強や友だち関係が思うようにいかず悩んでいるといった事情が見えてくることがあります。いじめは、八つ当たりという面があって、お子さんなりのＳＯＳという見方が必要な場合もあるでしょう。いじめ行動には様々な背景事情があるので、あらゆる可能性を考えながら、子どもの内なる声に耳を傾けていくことが必要です。

いじめをやめさせるだけでなく、背景事情への手当ても忘れずに

いじめは、どんな事情があろうとも、すぐにやめさせなければなりません。相手にも非があるように感じても、事実が確認されたのであれば、第一にそれをやめさせる必要があります。

その次に気を付けたいことは、背景事情への手当てです。いじめの背景に、自信のなさ、同級生への引け目が隠れているならば、自分らしさや自分の良さを実感できる場を親が意識的に作る必要があります。これは、長い目で見たときの子どもの健康的な成長につながるからです。時には、手当てがすぐにできないこともあります。それでも、お子さんが、親や先生、周りの大人は、叱るだけでなく、言い分や気持ちを聴いてくれた、一緒に考えてくれたという実感を得られると、行動は変化していきます。

逆に、目に見えるいじめをやめさせることだけに注意が向き、背景事情への手当てが十分にできないと、「自分だけが悪者にされた」、「大人は分かってくれない」といった、親、大人への不信感を強めることもあります。お子さんにとっては、悩みや問題が一向に解決しないため、更なるはけ口を求めて、発覚しにくいいじめに移行したり、抑うつ的になる、身体的な不調を来たす、登校を渋る、自傷行為に及ぶといったように、別の形の問題に発展したりする可能性もあります。

どう対処すればいいでしょうか～Jさんの事例から～

Jさんは、生意気だったという理由で、Kさんに嫌がらせをしたり、お金を取り上げたりしていたことが分かりました。お母さんは、最近のJさんはイライラしているようで、部活動の様子を聞いても話をはぐらかすこと、自分のお財布からJさんがお金を盗ったのではないかと気になっていたことを思い出しました。JさんとKさんは、以前は仲良しで、部活動も一緒にがんばっていたので、お母さんには何が起きたのか分かりませんでした。

Jさんは自分のしたことを認めましたが、理由はすぐには言いません。お父さんとお母さんはJさんの言葉を待っていると、部活動で、JさんとKさんは、先輩に理不尽なことでよく叱られていたこと、Kさんが、Jさんに何も言わずに部活動を辞めてしまったこと、先輩からはミスをするとジュースを買うように言われて、お小遣いが足りなかったことをようやく打ち明けました。

Jさんが、部活動でのつらさをKさんに八つ当たりしてぶつけることは間違っています。しかし、事情は少し複雑でした。子どもが、親の財布から金を盗るという行動は、初期の問題行動で、何か困ったことが起きている、あるいはお金を必要とするような状態に置かれているというサインであることが少なくありません。先輩から理不尽な扱いを受けていることは惨めでしたが、Ｊさんは、お金を盗ったことが見つかれば親に叱られるだろう、そのときは先輩のことを打ち明けようと思うことはあったと言います。

いじめの問題への対応は、先生、スクールカウンセラー等の第三者の助力が欠かせません。それは、決して家庭の力が不足しているからということではありません。いじめへの対応は難しいものだからです。身近にいる大人が協力をして、被害を受けた子ども、いじめをした子どものために知恵を出し合うこと、家庭も学校もチームとして同じ方針で子どもたちに接していくことが大切です。

3 学校でからかわれたり、いじめられたりしているみたいです。

お子さんが、学校でつらく悲しい思いをしていると知れば、親は何とかしてあげたいと思います。ただ、お子さんがいじめを受けていることを、親に自ら打ち明けることは容易ではありません。結果として、対応が遅れ、親が気づく頃には、深刻な状況に陥っていることもあります。

いじめ被害は、程度や期間にもよりますが、その後の子どもの成長や発達に大きな影響を及ぼす可能性があります。早期の対応が必要です。

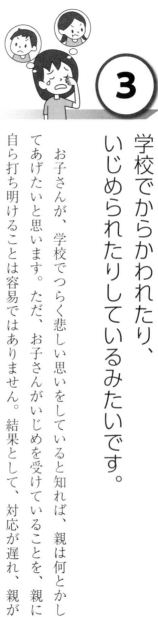

お子さんの様子の変化に敏感になる

お子さんが、いじめのＳＯＳを発することは勇気がいることです。子どもの心理としては、いじめが明るみになることで、恥ずかしさ、惨めさに加え、自分の落ち度を責められるかもしれないという不安、親を悲しませることへの罪悪感を抱きがちです。親の期待に応えたいという気持ちがあるお子さんほど、学校でうまくいっていないことは知られたくないものです。また、親に相談することで、いじめがエスカレートしないかという心配もあります。自分で何とかしようとしたり、じっと我慢をしてやり過ごそうとしたりしやすいものです。

いじめ被害を早めに察知するには、日頃のコミュニケーションを大事にして、お子さんの様子の変化に敏感になることです。例えば、寝起きの時間などの生活習慣、家族への接し方などの行動面、落ち込んでいるなどの感情面、持ち物が壊れている、洋服が汚れているなどといったところに、お子さんの変化が表れます。具体的な項目はコラム③（P.112）にまとめました。これらを参考にして、当てはまるようであれば、そのうち収まるだろうと後回しにせず、いじめのサインである可能性を考えて、お子さんと話をしましょう。

空間的、時間的な安全・安心の確保を最優先する

いじめを苦に自ら命を絶つような事案を未然に防ぎ、子どもを守るために私たち大人ができることは何でしょうか。いじめを受けている子どもの心は複雑です。怒りや憎しみといった、いじめの相手に向かう感情に加えて、自己嫌悪、無力感、絶望感といった感情も強まります。

いじめは、いじめる側の論理で展開されます。いじめを受ける側は、自分の力だけで対処することは難しく、長く続くにつれて、抑うつ感が強まり、どうせ解決しない、自分が悪いといったネガティブな思考に陥りがちです。こうした状態は子どもを追いつめます。

いじめ被害に気づいた場合は、まずは、お子さんが安心できる場所と休める時間の確保が必要です。親が、学校を休むのは逃げだという考えにとらわれ、登校を強いることが、お子さんにとって、自分には逃げ場がないと思い詰め、症状の悪化や、突発的な自傷・自殺行為につながる可能性があることを知っておきましょう。

いじめ問題に対応するには、お子さんにも相応のエネルギーが要ります。心身の回復のための空間と時間が必要なのです。

家族が良き相談相手に

心身の回復を図りつつ、どのように対応するかは学校とよく相談・連携していくことが大切です。具体的な対応方針は、個々の事情に応じて、学校と話し合いましょう。いじめの加害者である場合でも触れましたが、いじめの解決のためには、「いつ、だれに、何をされたか」という事実を特定した上で、解決への道を進めていく必要があります。加害者側の言い分と食い違い、事実の特定が難しい場合は少なくありませんが、家族は、お子さんが事実をありのままに語ることができるよう、身近にいる良き相談相手というスタンスで話を聞くことが大切です。お子さんにも非があるという言葉は使わないようにしましょう。たとえどのような理由があろうと、きっかけがお子さんの言動だったにせよ、それをいじめ行為と結びつけ、いじめを正当化するようなことはあってはなりません。親は、外部からの非難めいた声（いじめられる側が悪い、いじめられてもしょうがないなど）からお子さんを守り、安心して自分から相談できるよう寄り添っていくことが必要です。

このとき、お子さんが話した内容をどう扱うのか、誰に伝えるのか、共有する範囲をお子さんにあらかじめ伝えておくと安心感を与えます。予期しない形で、多くの人に伝わってしまうことは、お子さんに、恥ずかしさや惨めさを感じさせることになります。また、被害者側の子どもが語ったことが周囲に伝わることで、加害者側が口裏を合わせるなどして、「事実」がゆがめられたり、なかったことにされたりするおそれも否定できません。

また、お子さんの話に、親が「自分の子どもの頃もいじめがあった」、「それくらい我慢できるはず」などと感じることはあるかもしれません。しかし、いじめについて、こうした比較は意味がありません。お子さん一人ひとり、その受け止め方は異なります。似たようないじめ被害を受けた経験があったとしても、心身に負う傷、回復への方法はそれぞれ異なります。お子さんの視点に立った寄り添いが、お子さんの心身の回復を早める「良薬」です。

学校や心理の専門家との連携を

お子さんのために必要なことはすべてやってあげたい、それが親の務めという思いがあっても、子どものサポート、学校との話し合い、いじめ加害者との話し合いなど、親が一人で何役もこなすことは現実的ではありません。

家庭ですべてを抱え込むのではなく、学校や心理の専門家等を頼ることは、いじめ問題の解決と、お子さんの回復、その成長に重要なことです。これらの対応は親の感情も揺さぶられるものです。知らず知らずのうちに、親が疲弊してしまうこともよくあります。お子さんにとって、最も良い形で解決に導くため、そして、親自身のサポートという観点からも、学校や専門家を頼っていただきたいと思います。

4
恋人ができたみたいです。気を付けた方が良いことはありますか。

思春期に入って、お子さんが異性に興味、関心を抱くことはごく自然なことです。このこと自体は、親が心配するようなことではありません。ただ、いざお子さんに恋人ができたようだとなればいろいろなことが心配になるものです。特に、性的な事柄は親子で話しづらいこともあり、親としてどう対応していいのか迷うこともあるでしょう。

異性との交際は、相手があることですから、お子さん自身が相手との付き合いを通して学び、成長していくことが大切ですが、親としてあらかじめ知っておくと安心できることもあります。

思春期の異性への関心

成長と共に、子どもの行動範囲、人間関係、世界観は格段に広がり、「自分はどういう人間か」、「周囲から自分はどう思われているのか」ということを気にするようになります。この時期は、異性との関係においても、自分がどう見られるか、どうすれば魅力を感じてもらえるかを気にしながら、性別や性役割を含めた「自分らしさ」を模索します。

また、身体的に第二次性徴を迎えると、性的な事柄や、異性との交際、セックスへの関心も高まるようになります。異性との関係は、思春期の前半頃は、男女のグループ同士での交流などが見られますが、思春期の後半頃になると、次第に一対一の親密な交際を求めていきます。

異性の話ができる雰囲気を

恋愛については、お子さんの意思や気持ちを尊重することが望ましく、相手に問題が認められないならば、心配をしつつも、基本的には見守るというスタンスが良いでしょう。しかし、SNS・インターネット上では、真偽の定かでない情報があふれており、お子さんが、異性との交際や性に関して正しい知識を持っているのか、どのように考えているのかなどについては、親としても心配になります。特に、異性との関係や性的な話をタブーとする雰囲気がある家庭では、お子さんに直接尋ねにくく、結果として、子どもに教えるべきことを十分に伝えられないということもあります。

性教育は学校に任せたいという考えもあるかもしれません。しかし、お子さんが、恋愛、性のことで不安を感じたり困ったりしたことを、早めに親に相談しやすくするには、できれば、思春期よりも前の時期から、異性との交際について話題にできる雰囲気があるとよいでしょう。

恋人ができたら伝えたいこと、気を付けたいこと

男の子であれ、女の子であれ、思春期の後半になると、特定の恋人との交際が始まる場合もあります。親として、交際が順調であるよう温かく見守っ

ていきたいところですが、気を付けておきたいこともあります。

ひとつは、お子さんの異性との付き合いが一足飛びに進んでいないか、学校生活などに支障が出ていないかということです。好きな相手ができて、その相手ともっと話をしたい、一緒にいたい、親密になりたいと感じることは自然なことです。しかし、好きだからという理由だけで、夜遅くまでなかなか家に帰ってこない、家にいても、恋人との電話やＳＮＳのやり取りに夢中で、家族との会話がなくなってしまうというようであれば、生活そのもののリズムが乱れてしまう前に、親子でよく話し合う必要があります。

中学生頃から、同性の友だちよりも、異性と過ごす時間の方が長かったという子どもたちがいます。話をよく聞くと、家族とうまくいっていない、同性の友だちからいじめられた体験などがあって、彼らは、一番の理解者である恋人との関係をとても大切にしています。

お互いを大切に思える異性に出会い、良い関係を続けていくことができればそれは大事にすべきです。とはいえ、もし、親からみて、お子さんが恋人との関係に過度に関心を向け、その言葉に一喜一憂している様子が気になるようであれば、お子さんが、そこまで恋人との関係にこだわるのはなぜなのか、恋人以外の友だちとの関係に何か問題を抱えている可能性がないかを確認してみる必要があります。

性に関する正しい知識

お子さんには、望まない妊娠、性感染症予防について、そのリスクや、心身に与える影響などの正しい知識をあらかじめ伝えておくことも大切です。

中学生、高校生であっても、心や身体の発達に比べて、性に関する正しい知識や認識があいまいなままに、性経験に及ぶ子どもたちがいます。その結果、望まない妊娠をしたり、性感染症にり患するリスクにさらされたりします。

非行のあった子どもたちの中には、恋人に嫌われたくないために、避妊を言い出せなかったり、誤った性知識から、避妊をする必要があるとも知らずにセックスをしたりしたという経験を話す子どもがいます。子どもを産み、育てるだけの経済力、精神的成熟、そしてそのための覚悟や責任といったことを十分に考えることがないままに、性行為、妊娠、出産、あるいは堕胎に至ることは、本人、生まれてくる赤ちゃん、周りの家族にとって、その後、難しい問題を抱えることにもなります。

特に、望まない妊娠は女の子にとっては心身共に大きな負担です。また、性感染症を治療せずに放置した場合には、不妊症の原因になる場合もあります。

自分の子どもは、正しい性知識を持っているに違いないと考えるのではなく、親として、妊娠、出産、堕胎等の命に関わる事柄について、親の体験も含めてそのことの重みと責任をどのように伝えていくかは、女の子だけでなく、男の子の親にとっても同じように大切です。

5 スマートフォンがほしい、友だちはみんな持っていて、話が合わなくなると言います。

今では、高校生になるとほぼ全員がスマートフォン（スマホ）を持つ時代です。親として、子どもに「いつ」、「どのように」持たせるかが問題になるでしょう。お子さんにスマホを持たせるかどうかを考える際には、親として気を付けたいことがいくつかあります。

スマホの利便性と危険性を知る

親自身は、スマホの利便性と危険性をどれだけ知っているでしょうか。一昔前と比べると、コミュニケーションが取りやすくなり、親子の連絡手段としても大いに活用されています。また、ゲーム、動画、音楽なども手軽に楽しむことができ、ニュースを始め、情報の収集も簡単です。

一方、インターネットを利用することによる危険性も様々指摘されています。出会い系サイトやＳＮＳ上で知り合った人と会って危険な目に遭った、アダルトサイトに誘導されて多額の金銭を請求された、仲間内のグループメッセージで仲間外れにされた、プライベートな情報や写真を拡散されたなど、被害体験も多く聞かれます。いずれもスマホゆえの問題です。

最近では、「インターネット・リテラシー」、すなわち、インターネットを適切に使うための知識や技能の重要性をよく耳にします。お子さんだけでなく、親自身もインターネット講座に参加したり、情報を得たりして、スマホを持つことによるメリット、デメリットについて改めて考えてみましょう。親がスマホの特性をある程度理解していれば、スマホとの正しい付き合い方が分かり、お子さんにスマホを持たせるか否かを考えたり、我が家のルールをどうするかを決めたりするときに役立ちます。

スマホで何をするのか、目的を話し合う

「スマホが欲しい」と子どもが言い出したとき、まずは、子どもが何をやりたいと思っているのかよく聞いてみましょう。もちろんスマホを持ちたい理由は、友だちが持っているからという程度で、何をしたいのかがあやふやなことはままあります。LINE、Twitter などのSNS、ゲーム、音楽、動画など、スマホでできることはこれからも増えていくことでしょう。お子さんの希望を聞きながら、今したいことはスマホでなければできないことなのか、既に持っているゲーム機などでは代替できないのか、よく話し合ってみると良いと思います。

お子さんの言い分をしっかり聞き、親子で一緒に考えるプロセスは、親にとっては、お子さんの興味関心、友だち関係などを知る機会になります。また、お子さんにとっては、親が何を心配しているのか、なぜ今は買ってもらえないのかなど、その理由や考え方を知ることにもなります。仮に、今はスマホを持たせないとした場合にも、頭ごなしにだめだと言われるより、お子さん

も納得しやすいでしょう。

スマホを持たせるならば、我が家のルールを決める

「ルールは絶対守るから」、「お手伝いでも何でもするから」は、欲しいものをねだるときの常套句ですね。でも、時間が経つと、決めたはずの約束事はあいまいになり、なし崩しになるのもよくあることです。ルールは、決めたときだけでなく、その後も双方がそのことを共有しておかなければなりません。大仰な感じもしますが、ことスマホに関する家庭内のルールは、いつでも目にすることができるよう、紙に書いておくことも一案です。

では、スマホの使い方について、何を決めるべきでしょうか。一般的には、使用する時間帯、使用する場所、使用するアプリの内容、料金のことなどが考えられます。特に、不特定多数の人と接触できるＳＮＳの使用をどうするかはあらかじめ話し合っておくことが大切です。顔の見えない人との関わりは、お子さんにとっては目新しく、刺激的なものですが、特に、未成年は、

思わぬ犯罪等に巻き込まれる危険性をはらんでいます。ＳＮＳは利用させない、あるいは利用させるならば、その範囲、個人が特定される写真や動画の投稿をどうするのかなど、使用に伴う危険性と、お子さんの年齢などを考え、親子が納得する形でルールを定める必要があるでしょう。

家庭のルールは、我が家のルールです。他の家庭と似ていることもあれば、異なることもあるでしょう。親がスマホの便利さ、危険性を理解していると、なぜ我が家のルールは他と違うのか、説明も分かりやすくできますね。

スマホの使用が生活の支障になっていないか

子どもを信用しているからと、子どものスマホの使用状況を確認しない家庭もあります。しかし、親子でルールを決めた以上、その確認は親の責任です。ルールはチェックする人がいなければ簡単に廃れてしまいます。

特に、お子さんの生活に支障が生じていないかに気を付けましょう。使用時間を守っていても、家族との会話よりもスマホをいじることを優先する、食事中もスマホを気にしている、勉強に集中できない、寝不足が続いている等の様子があれば、改めてスマホの使い方を見直す必要があるでしょう。ルールを守らなければ、一定期間、使用をさせないなどのペナルティを決めることも考えられます。ルールがしっかりしていれば、スマホを持たせるようになっても、子どもの生活そのものが大きく変わってしまうことは少なく、多少揺れ動いても、元に戻ることができます。

お子さんが、スマホの使用と、これまでの生活習慣、健康管理、勉強、娯楽、友だちとの付き合いに折り合いをつけられるよう見守り、問題があれば、親子で話し合ってルールを変えていくことができます。一度決めたルールも年齢やスマホの機能の進化などにより、そぐわなくなります。定期的に見直すことも考えておきましょう。

Column ③

子どもの変化に気づくサイン

子どもの心の動きを知る手掛かりは、言葉だけではありません。

口では「何でもない」と言っていても、その口調、表情、態度から、何かあったに違いないと察することは、大人同士でもよくあります。私たちは、発せられる言葉だけでなく、行動をよく「観る」ことで、相手の心の内を推し量る力を持っています。

ここでは、第3章の3で触れた、お子さんの変化に気づくサインを紹介します。これらは、いじめの被害に早めに気づくための項目を挙げたものですが、それ以外の悩みごとを抱えているときに当てはまるものもあります。五感を用いてお子さんの心を知ろうとするときの参考にしてみてください。

○生活習慣
□朝起きるのが遅くなった。布団から出たがらない。
□食事の量が減った。
□寝つきが悪く、眠りが浅い日が続いたりしている。
○体調
□朝になると具合が悪いと言うことが多くなった。
□身体に怪我の跡があったり、あざがあったりする。
○行動
□家族との会話が減った。特に、学校や友だちのことを言いたがらない。
□自分の部屋に閉じこもる時間が増えた。
□集中力がなくなり、いつもそわそわしている。携帯電話やスマートフォンを過度に気にする。

□　遅刻や早退が増えた。

○感情

□　イライラすることが増えた。

□　表情が暗く、ぼーっとしていることが多い。

○その他

□　部屋の物や持ち物が壊れている。洋服が汚れている。

□　お子さんの持ち物がなくなっている。

□　必要以上にお金を欲しがることが増える。

困ったことがあるとき、誰もが気軽に人に相談したり、悩みを打ち明けたりできるわけではありません。特に、思春期の子どもは、うまく言葉で言い表すことができるかという不安が強く、また、自分の気持ちをきちんと受け止めてもらえるかにはとても敏感です。

大人の側から「あなたの変化に気づいているよ」というサインをきちんと伝えることが、子どもの「話してみようか」という気持ちを引き出します。本当に困っているときに「(大人に)相談してよかった」という体験を持てると、自分の手に負えないときは周りを頼ることも大切であることが、実感として分かると思います。

(西岡　潔子)

第4章
性格・メンタルヘルス

子どもの性格が気になります。親は、子どもの性格をどう考えたら良いのでしょうか。

人の性格は、千差万別です。生まれつき（遺伝）と育ち方（環境）のどちらもそれぞれに影響しており、しかも影響の受け方は個人によって違います。子どもを育てる親にとっては、どちらの影響がより大きいと言われても、だからといって気が楽になるわけではありません。

特に、お子さんの性格が何かしらの「困ったこと」につながっているように見えるとき、あるいはお子さん自身が「困っている」ように見えるとき、親は多かれ少なかれ「自分のせいではないか」と思うものです。「私に似て〇〇だから」と自分のよくない性質を引き継いでしまったのだと考えたり、「小さい頃に〇〇してあげられなかったから」と育て方が不十分だったのではないかと後悔したり、罪悪感のようなものを抱きがちです。お子さんに何かうまくいかないことが起こると、何とかしてあげたいという親心と同時に、自分に責任があるような気持ちが生まれることがあります。

これらがうまく解決策に結びつくと良いのですが、うまくいかないこともあります。努力した結果が報われなかったり、「お子さんのこと」と「自分のこと」が似ていて、重なるように感じたりするときは、親もしんどくなることがあるでしょう。

親にできること

生まれ落ち、育ちゆく子どもの性格について、親ができることには限界があります。お子さんは、既にその子として生きているのですから、親の努力で変えられると考えること自体に無理があるとも言えます。だからといって、親にできることが何もないわけではありません。例えば、次の二つは特に重要です。

一つ目は、お子さんが困っていることに気づき、大変な思いをしているということを理解し、ときには口に出して、ときには心の中で、応援するということです。お子さんも、困れば困るほど、悲しくなったり、いら立ったりします。その気持ちをうまく表現できるとは限りません。いら立ちから、家族に八つ当たりするようなことも起こり得ます。しかし、つらく大変な思いをしていることを、親が知ってくれていると感じられることが、お子さんの気持ちの支えになります。

もう一つは、困りごと自体をなくすことはできないとしても、その影響を小さくするための方法を共に探すということです。期待したような効果が上がらないときは、共にがっかりし、その結果を受け入れることも必要です。その上で、他に良い方法があれば、もう一度試してみようという希望が持てるように、気持ちを立て直したいところです。いずれもお子さんが一人で決めたり、親が一人で決めたりするのではなく、互いが相談相手のような、共に支え合う仲間のような関係を作ることができると心強いものです。

夫婦・パートナーと一緒に、ときには専門家を頼る

相手が自分の子どもであっても、誰かをひたすらに支え続けるというのは重たいものであり、大変なことです。親自身にとっても、その大変さを理解してくれ、支えてくれる人や、共に戦う仲間がいることは、お子さんを長く応援し続ける上でも重要です。夫婦や身近なパートナーが互いの支えになるときは、そのような関係が築ければ良いですし、ときには、親自身のために専門家を頼ることを考えてみても良いでしょう。

この章では、発達障害や摂食障害、ゲーム依存などに関するテーマを取り上げています。お子さんがもしこれらに当てはまったらどうしようかと不安になる方もおられるかもしれません。取り上げたテーマは、いずれも「当てはまる」か「当てはまらない」かの区別がはっきりしておらず、「かなり当てはまる」から「ほんの少しだけ当てはまる」までの連続的なものと考えられるものも少なくありません。

私たち誰もが、これからご紹介する特徴に幾分かは当てはまる部分を持っ

ているものです。もし、お子さんやご自身がいずれかに「かなり当てはまる」と思われるときは、がっかりするのではなく、「その分野で効果的だと言われている工夫は何だろう」と解決のヒントを探すような気持ちで読み進めていただきたいと思います。

一方で、誰にでも当てはまることだからと医療機関や相談機関に出向くことを先延ばしにしているうちに、成長や回復の機会を失してしまうこともあります。いつごろが相談に踏み切るタイミングかを見極めるのは難しいところですが、いくつかの目安をお示しできるよう心掛けました。一般論としては、遅すぎたと思うよりは、早めの相談をお勧めします。早く支援につながるほど、二次的な問題が広がることを避けることになり、また、短期間で回復する可能性もあるからです。

メンタルヘルスについてもっと知るためには

最近は、インターネットを通じて多くの情報を誰でも気軽に手に入れることができるようになりました。一方で、インターネット上での情報発信は、誰にでもできますので、不正確な情報や、悪意のある中傷に出会ってしまうこともあります。困っているから調べているのに、かえって混乱させられてしまうということもしばしばです。

精神疾患については、厚生労働省が「知ることからはじめよう みんなのメンタルヘルス」という情報ページを開設しています。都道府県単位でも精神保健福祉センターなどが地域の病院、療育センター、支援団体などの情報を発信しています。情報に惑わされてしまわないためには、このように、情報の発信者を見極めた上で、必要な情報に賢くたどり着くようにすることが大切です。

2

他の子と違うところが多いようで、発達障害ではないかと言われました。

　お子さんについて、他のお子さんと違うところが多い、発達障害ではないかと学校の先生から言われたとしたら、親として様々な思いを抱くことはとても自然なことです。子育てが悪かったのではないかと責められているように感じることもあるでしょう。そうだったのかと納得する場合もあるでしょう。お子さんを悪く言われているようでかわいそうに感じたり、何とかしてやりたいと思ったり、あるいは否定したくなったりもします。

　こうした一つひとつの親の気持ちは自然なことで、ふたをする必要はありません。同時に、お子さんのこれからもとても大切です。発達障害の診断がつく場合もつかない場合も、お子さんの成長と幸せを真ん中において、できることを考えていきましょう。

お子さんの苦手や苦労、困り具合を理解する

学校は集団生活が基本です。ルールを守り、周りの動きをよく見てうまく合わせたり、同級生の気持ちを察してコミュニケーションを取ったりすることが必要になります。先生は、沢山の子どもたちを見ていますから、お子さんの特徴的な行動に早く気づくということもあるでしょう。

お子さんに、落ち着きがない、注意力が続かない、少し不器用なところがある、こだわりが強い、空気を読めないといった苦手なことがある、これらが原因で、皆についていけず苦労している、同級生とトラブルになるといった何らかのつまずきがあるのであれば、それがどのような場面で、どの程度のことであるのかを知ることが大切です。

発達障害といっても、そうでないお子さんとの間にははっきりとした区別があるわけではありません。その程度も一人ひとり異なります。周りのサポートがあれば、うまくやっていくことができて、性格や個性の範囲として捉えることができる場合もあります。ただし、お子さんが必要なサポートを得ら

れず、周囲から、わざと叱られるようなことをやっているとみなされたり、つまずきが続いたりして、自分はダメだと思ってしまうことや、同級生とうまくいかず、トラブルメーカーのように思われて、傷つくことは避けなければなりません。お子さんが無用につらい思いをしないために、お子さんから、困っていること、どのような気持ちでいるのかといったことを丁寧に聞きましょう。

今の状態を知ることは、お子さんのために親と周りができることを知る上で、必要なステップです。

専門家に相談し、発達障害という診断はなされなかったものの、何らかの配慮が必要と助言された場合も、学校の先生の協力は不可欠です。一緒にお子さんのためにできることを考えてもらうためにも、先生から学校での様子をよく聞くことが大切です。

注意欠如・多動症、自閉スペクトラム症って？

発達障害にはいくつかの類型があります。そのうち、注意欠如・多動症（ＡＤＨＤ）と自閉スペクトラム症（ＡＳＤ）といわれるお子さんの特徴を見てみましょう。

注意欠如・多動症、あるいはその傾向があるとされるお子さんは、学校や家庭で「ダメ」と言われることを繰り返しやってしまうところがあります。学校では、授業に集中できず、先生の話を聞いていなかったり、窓の外や他の子どもに気を取られたりします。そうかと思えば、出し抜けに発言したり、立ち歩いたり、教室から出て行ってしまうこともあります。与えられた課題をうまくこなせず、イライラして、ときに激しい感情を表に出すこともあります。

一方、じっくり考えることは苦手でも、行動力はあります。また、他にはできないようなユニークな思いつきや、ひらめきを持っていたりします。

次に、自閉スペクトラム症、あるいはその傾向があるとされるお子さんは、どこか他の人と違うところがある、対人関係の持ち方がぎこちない、行間が読めないといった特徴を指摘されることがあります。また、感覚が敏感なところがあります。お子さんはわざとそうしているわけではありませんから、なぜうまくいかないのかが分からない中で、周囲から責められることにもなり、つらい思いをすることが少なくありません。この後に紹介する攻撃的・抑うつ的な状態などの背景に、自閉スペクトラム症の傾向があって、社会適応が難しくなっていることもあります。

一方、得意なことと苦手なことがはっきりしており、こだわりを持つと集中して取り組みます。好きなことに関する知識を豊富に持っていたりします。

どう対処すればいいでしょうか～L君の事例から～

発達障害は、育て方の問題ではありません。現在では、脳の働き方によるものと考えられています。お子さんが生まれ持った個性ですから、お子さんに合った形での支援が大切です。困ったり傷ついたり、不安に思ったりすることが少しでも減るよう、生きづらさをできるだけ軽減するような工夫をしていくということです。

Ｌ君は、授業中でもつい思っていることを口に出してしまいます。先生からは静かにするようによく叱られて、イライラすることもありました。あるときしつこく注意してくる同級生に我慢ができず、手を上げてしまいました。先生はＬ君が同級生とうまくなじめず、マイペースなところも気になっていましたので、発達支援センターに、お母さん、Ｌ君、先生とで相談に行きました。そこで、Ｌ君にはこだわりの強さがあること、大声で話されるのが苦手であること、暴力を振るったことを後悔していることが分かりました。

親と先生は、今回のことをきっかけに、家庭と学校でのＬ君の様子を定期的に話し合うようにしました。また、Ｌ君が集中できないときは、別室で気持ちを整えられるようにしました。先生も同級生も、Ｌ君には大声で話しかけず、ゆっくり穏やかに接することを心掛けているうちに、Ｌ君も言いたいことはノートに書き、授業を中断することは減りました。お子さんだけに変わることを強いるのではなく、周りが変わると、お子さんも変わります。

3 イライラしたり、気持ちが沈んだり、気分の揺れ動きが大きいので、見ていて心配です。

イライラすることと、気持ちが沈みやすいことは、一見、別のように見えますが、その原因やメカニズムには、共通するところがあります。例えば、何か嫌なことがあった上にへとへとに疲れていて、しかも寝不足のときを想像してみてください。身体がだるく、何をする気にもなれず、ともかくゆっくり休みたいと思いますね。仮に、そのようなときに邪魔が入り、眠れない状況に置かれたとしたらどうでしょうか。いつも以上に腹立たしく、つい攻撃的になるのは自然なことです。

子どもたちは、様々な理由でイライラしたり、落ち込んだりします。その要因を特定するのは難しいものですが、いくつかの可能性を挙げ、周りの大人が支援できることについて考えていきます。

攻撃的な子ども／抑うつ的な子どもの抱える困難

思春期は難しい時期です。心身ともに大人に近づいていき、様々な「これまでとは違うこと」に直面します。クリアしなければならない課題も多くあります。親を含む周りの大人との関係も変化していきます。親から見れば、これまでニコニコと甘えていた子どもが不機嫌そうにしていたり、口数が減ったり、一人になりたがったりする場面に出会うようになります。子どもによって多少の違いはありますが、こうした反応の多くは、思春期には必要な変化です。

ただし、不機嫌がかなり目立ち、場に不相応なくらいに攻撃的になったり、実際に暴力を振るったり、お子さんも自分の不機嫌さを持て余しているようなときは注意が必要です。一人になりたがるだけでなく、部屋に閉じこもったまま何をしているか分からなくなったり、食事や睡眠のリズムが狂って学校生活に支障が出たり、自分から外に出たがらなくなったりするときも同じです。

こうした状態が長引くことがないように、親はどうしたらよいでしょうか。

攻撃的な子ども／抑うつ的な子どもを理解する

子どもがイライラする原因は、心理的な不快感に限りません。お子さんが急に攻撃的な様子を示すようになったときは、やることが多過ぎて体力が持たず、疲れている、寝不足であるなどの理由がないかを見てください。また、例えば、貧血や糖尿病、腎炎などの病気によって疲れやすくなっていて、これがイライラにつながっていることもあり得ます。お子さんの顔色や食欲、睡眠、体重などにも変化が見られる場合には、受診が必要です。身体面の不調が否定されれば、安心して他の原因に目を向けることができるようになります。

次に確認したいのは、環境面の影響です。家庭や学校で変わったことがなかったか、交友関係でトラブルはないか、勉強が難しかったり、部活動で成績が伸び悩んでいたりしないか、異性との関係で悩んでいることはないかなど、お子さん本人に確認したり、学校の先生など他に話を聞ける人がいる場合には、尋ねたりすることも有効です。特に、思春期以降の子どもは、自分が何かに困っていること自体を親に隠したいという気持ちが働きます。お子さんに確認してもすぐに打ち明けることはないかもしれません。お子さんが話してくれないと、何か大変なことを隠しているのではないかと親の方が不安になり、あれこれ勘ぐりたくなります。でも、急かさずに、お子さんを心配しているということ、助けになれそうなことがあれば話してほしいということ、話す準備ができるまで待っているということを伝えつつ、どんと構えることが大切です。

どう対処すればいいでしょうか～Mさんの事例から～

Mさんは、年上の恋人と一緒に万引きをして、警察に逮捕されました。Mさんはお母さんとお兄さんの3人家族です。高校1年生になったある日、両親から離婚したと告げられましたが、理由は詳しく教えてもらっていません。

家族の会話は少なかったものの、年に数回は旅行に行き、楽しい思い出もあったので、両親の離婚はショックでした。しばらくすると、Mさんは、忙しい両親のためにもっと家の手伝いをしていれば、離婚しなかったのではないか、離婚は自分のせいだと感じるようになり、よく眠れなくなって、学校にも行けなくなりました。不安な気持ちが押し寄せるとリストカットをしたり、イライラして物に当たったり、夜に家を出たりするようになり、その恋人と出会いました。

子どもにとって、例えば、両親の離婚、再婚、家族の病気、慕っていた祖父母が亡くなるといった出来事のほか、弟妹の誕生等の喜ばしいことも含めて、家庭環境の変化はストレスになり得ます。もちろんこの中には、避ける必要のないもの、親にもどうしようもないこと、また、子どもの思いとは別に親として決断しなければならない事柄もあります。知っておいていただきたいことは、お子さんがこれらをどのような思いで受けとめるかは一人ひとり異なるということです。表立って不安や悲しみ、不満、怒りを表さなくても、うまく言葉にできない思いを抱えているに違いないと考えて、お子さんの言葉に耳を傾け、気持ちを受けとめるといった姿勢でいることが大切です。不安や戸惑いを感じているようであれば、お子さんにきちんと親としての考えを伝えること、周りの大人が安心感を与えることで、子どもはこうした変化やストレスを乗り越えていくことができるのです。

精神的な問題への対応

体の病気の可能性が否定され、お子さんを苦しめていた環境上の問題が改善されても、本人の調子が上向かないときには、受診を考えてみることが望ましいでしょう。大人と子どもとでは表れる症状や必要なケアが異なります。もし、診療内科や精神科への受診はためらわれるという場合には、市区町村役場や、地域の精神保健福祉センター、学校のスクールカウンセラーやスクールソーシャルワーカーにまずは相談してください。

4

食事をきちんととりたがりません。体を壊さないか心配です。

最近では、ダイエットをする子どもたちがいます。体型を気にして食事を摂らなくなったり、中には親子でダイエットをする場合もあったりして、お子さんの食が急に細くなったことを、親が問題だと思わないこともあります。

成長期には、沢山の栄養が必要です。大人になるための身体を作るというだけではなく、毎日の生活で、子どもは大人よりも活発に活動し、エネルギーが必要です。通常であれば、身長や体重が増える時期であるにもかかわらず、お子さんの体重が増えていない、身長が伸びていないということがあれば、何らかの問題が隠れていないか、親として立ち止まって考えなければならないサインです。

まずはお子さんの今の状態を知る

食事をとらない原因は、様々です。何か別の病気である可能性もあります。また、摂食障害（病気のやせ）に至る可能性があることを頭に入れつつ、まずは、お子さんの今の状態を知ることが大切です。

初期の頃に考えられることとして、学校生活、友だち付き合い、家庭で、お子さんが何らかのストレスを抱え、食事をとる気持ちになれないでいるという場合があります。元気がない、落ち込んでいるようだ、友だちのことを気にしていたなど、何か思い当たることがあれば、お子さんに「○○のことを話していたけれど、どうなの？」などと声を掛けて聞いてみましょう。

また、根をつめて勉強をしたり、部活動や発表会に向けて猛練習をしたりして、食べずに寝てしまうことが続くこともあります。几帳面、真面目、頑張り屋で、周りの期待に応えようとするお子さんほど、無理をしてしまうものです。こだわりが強く、頑固で、完璧主義的なところがある場合も、こうしたことが起きやすいようです。お子さんに、相当のプレッシャーがかかっているという点では悩みがあるときと同じです。

がんばっているお子さんに、「健康に悪いからやめるように」とは言いにくいですね。「そんなに思い詰めずに、もっと楽に考えたら」という言葉もなかなかお子さんには届かないものです。親として、お子さんの不調に気づいたのであれば、あなたの体調が心配だと伝えることが一番です。がむしゃらにがんばっている背景には、普通にしていたのでは自分はダメだとか、周りに評価してもらえないという不安を抱えていることが考えられます。ああしなさい、こうしなさいと言いたい気持ちを抑えて、お子さんがどんな思いでいるのか、どんな心配ごとで胸を痛めているのかを知りたいという、親の気持ちが伝われば、お子さんから何かしらの言葉が返ってくるでしょう。

また、食事に関する具体的な変化として、例えば、お弁当を残すようになった、食べるのに時間がかかる、食べ物のカロリーをよく知っている、自分で作ると言い出した、パン、ごはんなどを食べないようにしている、太ることを気にしている、家族に隠れて食べているといったような行動がないかを気に掛けることもお子さんの状態を知るポイントになります。

　ところで、尋ねてもお子さんが何も話してくれない、反発するのでどうしていいか分からないということであれば、学校の先生など、周りの人に相談する必要があります。先生は、お子さんの学校での様子から何らかの異変に気づいていることもあります。摂食障害であるならば、家族だけで対応することは難しいことも多く、医師や学校の協力を得ることは不可欠です。

摂食障害の子どもの支援

　それでは、ここで摂食障害について考えてみます。これは、極端なダイエットと思われがちですが、別のものです。きっかけはダイエットでも、摂食障害と診断されるレベルに至ると、「ダイエットをしている」という意識はほとんどありません。多くの場合、体重が減ることで達成感が得られる、やせたことを褒められる、周りに心配される、やせると以前とは違う自分に生まれ変われると感じるようになり、体重の増減への関心がますます進み、悪循環に陥っていきます。きっかけが、誰かに「太った」と言われた、体型について同級生に何か言われたというようなことであると、やせて相手を見返すことが目標になっていきます。また、体重が減らないと、失敗感や絶望感、自分はダメな自分のままであるという自己嫌悪、敗北感を抱きます。

摂食障害は、本人が治療に積極的であることはまずありません。たいていは、医療機関や相談機関に行くことを嫌がり、必要がないと言い張ります。お子さんを連れていくことが難しければ、最初の受診や相談は、親や先生など周りの方だけで行きます。医療機関等からは、お子さんの年齢や身長によって、いつまでに○○キロの体重に戻らない場合には、受診するようになど、アドバイスがされるでしょう。そのアドバイスに基づき、もし、そのときまでに体重が戻っていなければ、お子さんが拒否しても受診することが必要です。

医療機関や相談機関につながっても、通院の場合には、ふだんの生活の大半はそれまで通り家庭で過ごすことになります。親としてできることは何かを具体的に聞くと良いでしょう。生活パターンや生活環境を変えることを勧められたり、ストレスの原因が低減するように、ストレスの発散や気分転換の機会が増えるように環境調整を行うことなども必要になったりします。

非行のあった子どもの中には、万引きの背景に、摂食障害の問題を抱えている場合があります。お腹が空くと大量の菓子パンやスナック菓子を買い込み、一気に食べ、その後吐き戻すという状態も摂食障害の一つです。こうした過食の状態が続くと、食べ物を買う費用がかさみます。お小遣いでは足りない、食べても吐いてしまう食品にお金を遣うのはもったいないように思って、万引きをするということがあります。

摂食障害は若い女性の病気というイメージがありますが、男性も罹ります。若い人だけの病気でもありません。体重の増減を気にすることで、元々抱えている不安に向き合わずに済んでいるという側面があるため、心のどこかで治りたくないという気持ちもあって、回復には時間がかかります。健康面のほか、非行・犯罪といった深刻な問題につながる前に早めに気づき、対応することが大切です。

5

ゲームに夢中になって、夜も寝ていないようです。

私たちの暮らしに、インターネット、携帯電話、スマートフォンは欠かせません。それは子どもの世界も同様になってきました。その昔は、漫画、長電話などに多くの時間を費やし、夜に家を抜け出して公園やゲームセンターに集まり、他愛もない会話に興じる子どもたちがいました。今は、SNSで絶えずメッセージを交換し合うことができ、オンラインゲームで、顔を合わせたことのない相手と一緒にゲームを楽しむこともできます。ゲームをやめたくてもやめられなくなる人が増えているという話題を目にすることも増えました。お子さんがこうした問題を抱える前に、親としても、ゲームの使い方には気を付けたいものです。

ゲームやインターネットに夢中になる理由

傍から見ていて、お子さんがゲームに夢中になっている、はまり過ぎなのではないかと感じるということは、既に、何らかの行動面での変化が親の目に留まっているということでしょう。初めの頃に親が気づく例としては、○時にやめると約束していたのに使用が長引いている、食事や家族との会話の時間、睡眠時間を惜しんでゲームをしている、寝る直前までスマートフォンやインターネットを使っているといったことが挙げられます。

ゲームやインターネットにかかりきりになり、家族が注意してもやめられない、親に隠れて使う、生活リズムが乱れて学力が低下する、部活動に行かなくなる、仲の良かった友だちとの遊びよりもゲームを優先するなど、お子さんの生活に支障が生じているようであれば、依存を疑うことが必要です。

依存症は、ゲームやインターネット以外にも、様々なものが対象になります。アルコールや薬物など体内に摂取する物質系の依存症、パチンコなどのギャンブル、買物の依存症などがあり、依存の対象が何であれ、そのメカニズムは似ています。ゲーム依存やネット依存が、世の中に知られるようになったのは最近のことですが、アルコール依存症などの治療や研究から得られた知見から、ゲーム依存について学べることは多くあります。

なぜ、ゲームやインターネットにはまってしまうのでしょう。ゲームやインターネットへの依存は、単にこれらが楽しいという理由だけではありません。夢中になるきっかけには、本当はしなければならない嫌なこと、考えたくないつらいこと、やり場のない怒り、抑うつ的な気分などがあることが一般的です。その程度は人それぞれですが、客観的に見たつらさではなく、お子さんにとってのつらさを想像することが大切です。ゲームやインターネットは、暇潰しになり、余計なことを考えず熱中することができます。ゲームには適度な刺激があり、手軽に達成感や爽快感を得ることができます。

また、インターネットであれば自宅にいながら、スマートフォンであれば外出先でも、友だちとの交流を保つことができ、仲間外れにされる不安から解放されます。あるいは、本当の自分の姿を知られることなく、他の人との気ままな交流を楽しむこともできます。

こうした経験が繰り返されると、他の依存症の場合と同様に、ゲームやインターネットによって得られる快楽が脳に記憶されていき、ゲームやインターネットから離れることに不安を感じるようになるのです。その程度が強まると、他の人から注意されても、又はたとえ自分の意思でやめようと思っても、やめることが難しい状態になります。

お子さんがやめようと思っていてもやめられない状態にあるとき、周りから責められるのは大変つらいことです。意思の弱さを非難したり、なぜやめないのかと叱ったり、ゲーム機などを無理やり取り上げたりするより、専門家の支援が必要な場合もあります。

どう対処すればいいでしょうか～N君の事例から～

N君は部活動を一生懸命やっていましたが、怪我で自宅療養が必要になり、目標だった大会に参加できませんでした。努力が無駄になったと思いましたし、自分だけが取り残されたようで落ち込みました。ゲームは暇つぶしで始めたものでしたが、オンラインゲームで知り合った相手は、学校の友だちよりも話が合いました。怪我が治ってからも部活動から足が遠のき、気がつくと睡眠時間を削って、ゲームばかりする状態になっていたのです。

N君は当時の自分には何もなかったと言います。N君をゲームから引き離すことに何度も失敗した両親は、休暇にN君をキャンプに連れ出しました。もちろんゲームはなしです。陽射しを浴びて、自分たちで作るご飯をおいしく食べ、近くの山に登り、夜は親子でゆっくり会話をする中で、N君は、自分が危うい状態にあったことに気づきました。N君は、その後、部活動を辞め、今は好きになれるものを探しているところです。

ゲーム依存のお子さんの支援のゴールは、ゲームやインターネットを適度に利用する、あるいはそれらがなくても、お子さんの生活を意味あるものに立て直すことです。ゲームやインターネットに依存している間に失った、家族や友だちとの関係性を作り直し、再び、これら以外に打ち込めるものを見つける必要があります。単にゲームやインターネットをやめさせるだけでは、N君が当時を振り返ったように、空っぽな生活を突きつけられるだけで、そのつらさに耐えられずにゲーム依存が続くからです。

多くの場合、お子さんもやめる必要があることには気づいています。自分でやめようと決意したのにやめられず、再びはまってしまい、落ち込んだ経験を持っています。「やめる必要はない」と言い張るのは、そうしなければ、ダメな自分を再び思い知ることになり、弱さをさらけ出すことになるという不安が隠れているからです。

親にできることは、やめられないのは、お子さんの意思が弱いからではなく、依存があるからだという考えに基づいてお子さんに寄り添うことです。また、状態によっては、治療やカウンセリングなどを受けることも考えましょう。きっと以前のように楽しみを見つけ、充実した毎日を過ごすことができるという希望を親が持ち、お子さんと一緒に、そこに向かって回復していくイメージを共有することが大切です。

Column ④

相談機関を活用してみよう

子育ての悩みやお子さんの様子が気になるとき、地域の相談窓口が役に立ちます。

内閣府のサイトには、専門の相談窓口の一覧がありますので、お近くにどういう相談機関があるのかを確認しておいてはいかがでしょうか。

少年鑑別所でも、「法務少年支援センター」という名称で、問題行動や非行、発達などに関する悩みについて、お子さん本人、親、学校の先生などから、心理相談等に応じています。

これらの相談機関を気軽に活用していただくために、法務少年支援センターを例に、相談の流れを紹介します。他の窓口も、おおむね相談の流れは同じです。

1　初めの電話（受付）

電話には、心理の専門職員などが対応します。相談の簡単な内容をお聞きし、「初めの相談」の日時の予約について説明をします。

初めて電話をするときは、本格的に相談をするかどうかはまだ決めていない、とりあえず掛けてみたという方もおられます。法務少年支援センターでは、詳しいお話は、「初めの相談」でおうかがいすることにしていますが、先のことはまだ決めかねているということであれば、相談の流れを説明したり、うかがった内容に応じた助言や他の相談機関の紹介をしたりすることもできます。

2　初めの相談

初めの相談では、悩みごとや困りごと、相談に関する希望をおうかがいしながら、法務少年支援センターでできることも説明します。

相談の内容によっては、法務少年支援センターで相談を続けることをお勧めすることもあります。また、学校や児童福祉機関などと一緒に対応したり、あるいは他の相談機関を紹介したりすることもあります。

初めの相談は、法務少年支援センターの相談専用の部屋で行いますが、学校の先生からの紹介などの場合には、学校でお話をおうかがいすることもできますので、場所について希望があれば、ご相談ください。

3 継続して相談を希望される場合など

法務少年支援センターで相談を続けることになりましたら、面談の頻度などを決めます。

面談は親子で別々に行うこともありますし、心理検査を希望される場合には、その必要があるかを話し合ってから、実施することもあります。

面談に加えて、暴力や性的な問題行動などに関して、ワークブックを用いて、感情のコントロール方法などを学んでいく心理プログラムも用意しています。

相談の流れをイメージしていただけたでしょうか。

相談機関では、いずれも専門の職員がプライバシーに配慮してお話をおうかがいしています。どんなに小さなことでも、話をすれば悩みを抱えているのは自分だけではないということが分かり、また、お子さんのため、家族のために、できることを一緒に考える輪がそこに広がります。

初めて相談するときには、ここに連絡するのでよいのか、他にふさわしいところがあるのではないかと、心配に思うこともあるでしょう。最近では、学校や、児童福祉機関、地域の相談機関はネットワークを組んでいます。連絡を取ったところよりも、相談の内容によりふさわしい相談機関があるときには、そこを紹介されることもあります。どうぞお気軽に、まずは連絡をいただきたいと思います。

ご参考までに、本書の付録に、
全国にある法務少年支援センターの窓口一覧を掲載しています。

（西岡　潔子）

第5章

問題となる行動、困った行動

1 高校生になって、無断で外泊するようになりました。

思春期に入ると、交友関係が広がり、活動の内容もその範囲も広がります。どこで何をしているのか分からないと親は心配ですね。問題が起きないように気を付けて見守ることでいいのか、お子さんのこうした行動をどう理解すればいいかについて考えたいと思います。

外泊する理由を考えてみる

外泊する理由は、お子さんに聞いてみるのが一番です。素直に話してくれるようであれば、親の不安は軽減します。話してくれないこともあります。こうなると、限られた情報から、お子さんの状態について想像をめぐらせて考えるしかありません。多くの人にとって、家は、日中の疲れを癒し、心の充電をする場です。その家におらず、外に出て行くのはどうしてでしょうか。

まず考えられることは、友だちとの遊びが楽しいということです。家の外にお子さんを強く惹きつけるものがあります。新しい友だちができ、今まで経験したことがない刺激があると、親に少し叱られても気にならなくなるものです。

問題は、遊びの中身です。深夜までカラオケをしたり、喫煙や飲酒、万引きなどの問題行動が見られたりするようであれば、これらがエスカレートする前に、早めの対応が必要です。

次に考えなければならないことは、家の居心地が悪く、お子さんが、家の外に、居場所や逃げ場を必要としているのではないかということです。

例えば、両親の仲が悪くて、家にいても落ち着かない、親の帰宅が遅く、家にいても寂しい、兄弟と比べられたり自分だけ叱られたりして、家にいたくない、親の再婚相手との折り合いが悪いなど、事情は様々です。これらは、非行のあった子どもたちから、夜遊びや外泊の理由としてよく語られるものです。

子どもにとって、家庭の居心地の悪さを、大人に打ち明けることは難しいことです。たいしたことではないと一蹴されたり、打ち明けた結果、親や先生から、もう少し我慢してみるよう言われたり、叱られるのはあなたにも問題があったのではないかと言われたりして、それ以上の話をするのをやめたと振り返る子どもも少なくありません。

家を出る、無断外泊をするのは、子どもが、大人を頼らず自分で何とかしようとした結果といえます。もちろん、子どもだけで、寝る場所や食べ物を確保することは簡単なことではありません。特に、女の子の場合は、ＪＫビジネスといわれるように、性的な対象として取り込もうとする危険が沢山あります。彼女たちが、ＪＫビジネスに関与して小遣いを得ようとするのは、自由に使えるお金が欲しい、洋服やブランド品を買いたいからだと考える大人もいます。彼女たちの行動は一見そのように見えるかもしれません。しかし、彼女たちが求めているのは、家での寂しさや物足りなさを埋め合わせる、誰かとの心の繋がりであり、居場所なのです。

お子さんが、もし、家族と接することを避け、外に行きたがるといった気になる行動があれば、家庭に、お子さんを外へと向かわせる事情がないかを考えてみましょう。そこへの手当てがなければ、家庭からますます離れていってしまうからです。

行動の規制より、心配であることを伝える

思春期は、自分で物事を決めたいという意識が強まる時期です。お子さんが、親に話す事柄を取捨選択するようになることは、自立の一歩です。反抗的な態度は、子どもの成長の過程として、親子の心理的な距離を変えようとする、お子さんの試みでもあります。

もし、お子さんが、無断外泊を親に注意された後は、あらかじめ行き先や外泊の理由を言うようになったり、普段の学校や家庭での生活にも目立った変化や支障がなかったりするのであれば、無断外泊の頻度によりますが、さ

ほど心配するような段階にはありません。親は、お子さんが外泊から帰宅したときにいつもと様子が違わないか気に掛けて、変化にすぐに気づくことができるようにしておくとよいでしょう。

問題は、注意しても無断外泊の頻度が変わらない、あるいはむしろ増えるような場合です。この場合は、見過ごすべきではありません。

まずは、親として、お子さんの安全を心配しているというメッセージを、まっすぐに伝えることが大切です。外泊中に何らかの事件や事故に巻き込まれたり、被害に遭ったりする可能性があること、また、親として注意したり怒ったりするのは、お子さんの身を案じているからであることがきちんと伝わるよう、腰を据えて話し合います。

家庭の在り方を見直してみる

お子さんの率直な気持ちを聞くためには、時間をきちんと取ることが大切です。お子さんは強がって、あるいは親に心配を掛けないように別の理由を言うかもしれません。その言葉を鵜呑みにするのではなく、日中にあった出来事を聞く時間を短くても作る、夕食を一緒に食べる機会を増やす、兄弟とは別に、そのお子さんと話す時間を作るなどの工夫をしてみてください。家庭で引け目を感じていないか、家庭がお子さんにとって、安心でき、帰ってきてほっとできる場所になっているか、改めて振り返ってみましょう。

その上で、ルールを決めましょう。例えば、行き先、誰といるのかを事前に伝えること、外泊していても、親からの連絡には必ず返事をすることなどです。大切なことは、お子さんの意見も取り入れ、自分で納得して決めたルールだという意識を持たせて約束することです。

何か気になるところがあれば、少しずつでも変えていければ良いのです。親がお子さんのことを心配しているのと同じように、お子さんは、親のことをよく見ています。親のそうした気持ちはきっと子どもにも伝わります。

2 金遣いが荒くなってきました。見たことがない物が部屋に置いてあります。

小遣いの範囲を超えて、お金を遣っていると気になるようであれば、何が起きているのかを確認することが大切です。何か良くない方法で物やお金を得ている可能性があるからです。

心配されることは、まずは万引きです。万引きは、非行の入口と言われるように、子どもでも比較的容易にできる犯罪であり、発覚しにくいだけにエスカレートしていく場合があります。そのほかにも、例えば、最近では、アルバイトと称して、巧みに誘導されて特殊詐欺に関与したり、女の子であれば、SNS・インターネット上でのやり取りを通して、小遣い稼ぎで、よく知らない相手に自分の写真を送ったりするようなこともあります。おかしいと思ったらすぐに対応すべきでしょう。こうしたことは、早いほど対応の選択肢は多く、遅れると事態が深刻化してしまうことになりかねません。

万引きは、反復、深刻化するケースもある

万引きは、比較的小さい子どもから高齢者まで幅広い年齢層に見られる犯罪です。

子どもの万引きは、初期段階であれば、店員に見つかったことを機に、警察等からの指導や家族の話し合いなどがあって、子ども自身も事の重大さに気づき、その後、収束することが多いように思います。ただし、万引きは発覚しにくい犯罪であるがゆえに、明るみになったときには、既に相当回数の万引きに及んでいるということは少なくありません。

また、万引き行為は、当初は、目当ての〝物〟を取るために行っていたものが、回数を重ねるうちに、それに伴う心理的満足感の方が大きくなる場合があります。そうした場合には、家庭や警察から指導を受けても、ほとぼりが冷めると万引きを再開してしまうこともあるなど、事態が深刻化していく場合も

あります。

万引きの心理的な側面

万引きに付随する心理的満足感とはどういうものなのでしょうか。例えば、店員に見つかるかどうかというスリルや、大胆な行為が成功するときの高揚感が快感となる場合などです。これが日頃のストレスの発散の手段になると、「物」はもはや目的ではなく、こうした快感を求めて万引きが反復されやすくなるのです。

子どもの万引きに見られるものとして、万引きで得た金品を友だちに振る舞い、仲間から認めてもらおうとする場合があります。みんなが欲しがるようなものをあげれば喜んでもらえたり、一目置いてもらえたりします。友だち付き合いが苦手であると、たとえこうした手段であっても、友だちが寄ってきてくれる、遊びに誘ってくれるというのは嬉しいことであり、代えがたいものになっていくことがあります。あるいは、仲間から強要されて、嫌々、万引きをさせられている場合もありますから、一方的な見方にならないように注意が必要です。

そのほか、内面の寂しさや孤独感などを、物欲を満たすことで紛らわすという場合もあります。友だちがいない、家族関係がうまくいっていないなどの悩みがあっても、自分では解決できないときに、目に見えて分かりやすい「物」を手に入れることがその埋め合わせになる場合があります。こうした結びつきを、お子さんが自覚することは難しく、周囲も理由が分からないということはよくあります。

このように、万引きが副次的な心理的満足感と結びついているようであれば、親に注意されて一時的に中断することはあっても、時間が経過すると、万引きを再開し、断続的に反復するおそれがあります。お小遣いの額を増やしたり、欲しいものを買い与えたりすれば済むといった単純な事柄ではありません。

どう対処すればいいでしょうか～Oさんの事例から～

Oさんのお母さんは、学校から帰宅したOさんの鞄に大量の漫画が入っているのを見掛けました。Oさんが気に入って買い集めている漫画ではなく、同じ物も複数あります。お母さんは、我が子を信じたい気持ちもあって逡巡しましたが、ともかく、今、見つけたことを確認することにしました。親が把握した疑わしいことについて、子どもに事実を確認するときに気を付けたいことは、「万引きをした」と決め付けないことです。毅然とした態度で接することと感情的に接することは異なります。

Oさんは、友だちのPさんに頼まれて、換金目的で万引きしたと打ち明けました。もし、万引きの事実が確かならば、いつどこで何を盗ったのか、それをどうしたのか、これらをできるだけ正確に把握する必要があります。また、どのような事情があったかということと、被害を受けた人がいることとは区別をし、まずはお子さんと一緒に被害弁償と謝罪をすることが大切です。

Oさんのお母さんは、お父さんにもこのことを相談して、両親とOさんはお店に謝罪に行き、Ｏさんの貯金から被害弁償をさせました。自分のしたことの責任は自分で負わなければならないということをお子さんに理解させることは大切なことです。

次に、お子さんの事情に対応する必要があります。Ｏさんによれば、万引きは2回目のことで、学校ではＰさん以外に友だちがいないこと、Ｐさんの誘いを断れなかったと言います。Ｐさんとの付き合いは、親が遊ぶのをやめなさいと言って解決する話ではありません。友だち付き合いの悩みにもきちんと対応しなければ、Ｏさんは友だちを失い、学校での孤立が別の問題を作ってしまう可能性があります。両親は、Ｏさんの学校での様子を先生に相談し、一緒に考えてもらうことにしました。悩みの解決には時間がかかることもありますが、親が一緒に考えてくれている安心感は、最後には、お子さんを救うことになります。

学校で同級生とけんかをして、怪我を負わせてしまいました。

お子さんが誰かを傷つけてしまったとなると、お子さんが怪我したときと同じくらい、あるいはそれ以上にどうしたらいいのだろうと焦ってしまいますね。こうした問題が起きたときに、親として知っておきたいこと、お子さんと話し合うべきことを考えていきましょう。

事実関係の把握と謝罪・対応が最優先

まずは、相手にどの程度の怪我をさせたのか、自分の子どもに怪我はないのか、きっかけ、原因は何だったのかなどについて、お子さんから聞くとともに、学校の先生などから情報を得て把握することが必要です。事態の重大性にもよりますが、お子さんの言い分と相手方の言い分とが異なるようなことがあれば、学校の先生など、第三者に入ってもらうなどして、整理した方がいいこともあります。

被害者の方への謝罪は、できる限り早く行いたいところです。具体的な謝罪や治療費の負担などは、そのときの状況、双方の怪我の程度、相手との関係などにより様々です。学校内での出来事の場合は、学校の先生との相談も欠かせません。

ところで、子どものけんかとは言え、相手に相当の怪我を負わせたときには、事件として扱われる可能性があります。暴行や傷害の被疑事件となると、留置施設に勾留される場合もあれば、在宅事件として身柄を拘束されない場合もありますが、警察の取調べを受けることにはなります。少年の保護手続では、未成年者の事件はすべて家庭裁判所に送致されます。家庭裁判所では、家庭裁判所調査官が、子ども本人や家族などから事件の背景にある事情について話を聞き、調査を行います。保護者も出席して、非公開の審判が開かれ、その結果によっては、保護観察、少年院送致といった処分となることもあります。中学生であれば、児童自立支援施設送致ということも考えられます。

暴力を振るわないために

けんかに至る背景には、相手との関係性などが複雑に絡んでいます。例えば、同級生、元々仲が悪い相手、いじめの加害者あるいは被害者、知らない相手かどうかといったことと、そのきっかけが何であるか、例えば、悪口を言いふらしている、約束を破った、嘘をついた、しつこく嫌がらせをされたなどの事情です。

今回のけんかが事件として扱われるかどうかにかかわらず、親として、お子さんとしっかりと話し合いたいことは、まずは暴力を振るうことになった事情を把握することと、今後同じことをしないための方法を考えることです。

お子さんが暴力を振るったとき、大切なことは、お子さんにとって暴力がどういう意味を持つのかを理解することです。このようなことは初めてのことでしょうか。それとも暴力を振るったことは以前にもあったでしょうか。

例えば、暴力によって自分の要求が通ったと感じるような出来事がある場合などは、暴力を振るうことへの抵抗感が低くなっていることが考えられます。また、お子さんがこれまで暴力を振るったことはなくても、暴力を振るわれた経験が多い、あるいは、身近なところで暴力場面を頻繁に目撃してきた場合などは、暴力を振るうことへの問題意識が低くなります。

このように、もし、お子さんが、自分の要求を通したり、イライラした気持ちを発散したりする方法として暴力を振るうことへの抵抗感が低い場合は、今後も、思うようにいかないときに暴力を繰り返す可能性があります。そうした場合には、暴力は、相手を心身共に傷つけるものであることを繰り返し考える機会を作らなければなりません。

ただし、お子さん自身に暴力を振るわれた経験があるときは、頭では悪いことだと分かっていても、「自分も暴力を受けてきた」という割り切れない思いを持っていることに配慮が必要です。そうした気持ちも含めて耳を傾け、お子さんが自分の気持ちを言葉で表現する練習を続けるようにしましょう。

また、人は、他の人から思いやりをもって大切に扱われることで、自分も他の人のことを大切にできるという面があります。お子さんが、他の人に大切にされていると感じられているか、自分を大切に思うことができているかを気に掛けることも必要です。

感情をコントロールする力

暴力と密接に関連する感情としては、「怒り」が挙げられます。怒りっぽい人は、そうでない人に比べて暴力を振るう可能性が高いことは想像できると思います。何かにつけて、他人の言動が気に入らなかったり、そうした気持ちを抑えられない、あるいは抑えようとしなかったり、ささいなきっかけで怒りが高まったりする、この怒りの感情をうまくコントロールできるか否かで、暴力に発展する危険度が大きく変わってきます。

感情をコントロールする力を伸ばす方法はいくつかあります。

一つはタイムアウト法と言われるもので、いったんその場を離れるという方法です。怒りの感情のピークはそう長く続くものではありません。数分でも頭を冷やす時間があれば、冷静さを取り戻すことができます。

また、時間が少しかかりますが、暴力につながりやすい考え方、例えば、他人の言動を被害的に受け止めやすい、気にしやすい傾向などを自覚して、その考え方を少しずつ変えていく方法もあります。被害的に受け止める傾向が和らぐならば、感情の高ぶりを抑えられやすくなります。

お子さんに暴力を抑えたいという問題意識があるならば、専門家の力を借りることによって、暴力を制御する力を身に付けることもできます。

4 SNSで知り合った相手とやり取りをしています。トラブルに巻き込まれないか心配です。

今では、スマートフォンやインターネットを利用して、遠くに住む相手と知り合ったり、同じような悩みを抱える人とつながったりすることが容易になりました。悩んでいるのは、自分だけではないと分かれば、心が少し軽くなり、問題に立ち向かおうという気力がわきます。会ったことのない相手だからこそ、素直な気持ちを打ち明けられることもあるでしょう。

一方で、お子さんが、顔も人柄もよく分からない相手に親しみを感じていると知れば、親として不安を感じることはもっともなことです。ＳＮＳは、とても便利ですが、気づかない間に、不特定多数に個人的な情報が広がったり、性的なトラブルに巻き込まれたりする危険と、いつも背中合わせであることを、親もお子さんも頭に入れておく必要があります。

性に関する事柄を親子で話し合う

今の子どもたちは、身体的な成長のスピードは早く、体格も大きくなっています。それに比べて心の成長はゆっくりですから、内面はまだ幼いところがあっても、身体つきは大人と変わらないというお子さんもいます。この時期の子どもは、自分はあまり変わっていないという感覚であるのに、周囲からの扱われ方が変わることに戸惑いや不安も抱きやすい時期です。特に、女の子の場合には、身体的な変化に気持ちが追いつかず、居心地の悪い思いをしたり、身体の変化に嫌悪感を抱いたりすることもあります。

こうしたお子さんの気持ちに寄り添うためにも、第二次性徴が始まった頃に、親子で性に関する事柄、大人になるということ、異性との付き合い方などについて話し合う機会を持つことは大切なことです。殊更に、性的な関心事を問い詰めたりしないよう自然な会話を心掛けたいところです。ただし、もし、お子さんが、インターネットなどで、偏った性的な情報に触れていることに気がついたならば、親として心配であること、性的な事柄は、相手と対等な関係があってのもので、一方的な行動が、相手や周囲の人を傷つける可能性があることなどについて話題にすることは大切です。

また、お子さんの性的情報へのアクセス方法を見直すことも考えられます。スマートフォンのフィルタリング機能は充実していますので、これらを活用します。もっとも、こうしたことは、スマートフォンを持たせるときから対応しておくべきことでもあります。

どう対処すればいいでしょうか～Qさんの事例から～

Qさんは夜中に繁華街で補導をされました。Qさんは、両親と弟の4人家族です。弟はスポーツが得意で、両親は交代で弟の練習や遠征に必ず付き添い、忙しくしています。Qさんは、弟はよく頑張っている、弟の活躍はうれしい、親が弟を応援するのは当然で、家族が嫌いなわけではなく、不満もないと言います。ただ、小さい頃は家族4人で食事や旅行に行って楽しかったと付け加えました。

子どもが抱える悩みは、いつも分かりやすい形で周囲に見えるわけではありません。断片的な言葉から浮き上がる、子どもの生活の様子や思いを、私たち大人がどれだけ我が事として想像力を広げ、理解できるかが大きな意味を持つのです。

Qさんは高校に入ってすぐ、部活動の先輩とトラブルになり、仲間外れになりましたが、親には相談できなかったと言います。一方で、SNSで知り合う人は、どの人もいつも親身にQさんの話を聞いてくれたそうです。そのうちの何人かとは直接会うこともあり、性的な関係にまで至る相手もいました。性的な関係になることは嫌だったけれど、少し我慢すれば、それ以外は、いつでも相談に乗ってくれて、Qさんが相手の相談に乗ることもあったと言います。

問題行動は、目立った葛藤やいさかいがある家庭で育った子どもに見られるという単純なものではありません。また、援助交際をしている女の子は、必ずしも性的なことに関心が強いわけでもなければ、お金欲しさだけで誘いに応じているわけでもないことをQさんの事例は教えてくれます。

Qさんの両親は、補導をきっかけに、Qさんが不満を言わないことに甘え、無理をさせていたことに気づきました。そして、Qさんと向き合い、話をする時間を持つことから始め、家族としての再スタートを切りました。

男の子の場合は

男の子の性的な問題行動についても触れたいと思います。

性非行のあった子どもの中には、性的な情報を友だちなどからではなく、もっぱらアダルトサイトから得ていたという場合があります。また、部活動を辞めた後など、打ち込むものがなく、暇な時間を持て余していると、インターネットで性的な情報にアクセスし、これらに没頭してしまうということも少なくありません。

誤った情報や偏った内容に頻繁に触れているうちに、次第に自分もやってみたいという思いを強めて、性非行に及ぶ場合がありますが、その多くが、背景に学業や部活動での挫折、友人や恋人との関係悪化など、うまくいかないことが続いていたという問題を抱えています。これらは、性的欲求を我慢するよう注意すればよいというものではありません。もちろんスポーツで適度に汗をかいたり、何か没頭できる趣味を持ったりして、心身の満足度を高めることは、性的欲求の高まりをコントロールする上で間接的には有効です。しかし、偏った性情報への過剰なアクセスが、他人を傷つけるような犯罪を後押しするきっかけになり得ること、その裏に不適応という問題が隠れていることに、親として注意しておく必要があるでしょう。

5

服装が派手で、髪も茶色に染めています。「ファッションだ」と言い張り改めません。

お子さんの服装が派手になったり、髪を染めたりすると、校則違反で停学や退学になるかもしれないと心配になるでしょう。お子さんの変化の前触れやきっかけが分からない、自分たちの価値観とは相容れない、世間一般からみて許容される範囲を超えるといったように、お子さんの行動が読めないと不安になります。

派手な服装や髪染めに現れる心境とは

思春期の子どもたちは、「自分らしさ」に意識が向きやすくなる時期です。自分とはどういう人間か、自分の長所や得意なことは何か、自分という人間は周囲からどう見られているかなどを気にするようになります。こういう時期に服装や髪型に意識が向くのはごく自然なことです。例えば、小学生の頃は服装や髪形に無頓着だった子どもでも、中学生になると、おしゃれに気を使うようになり、ときには髪型を決めるまでに鏡とにらめっこなどという光景も珍しくないでしょう。

一方、度を超えた派手な服装や髪型は、一般的な外見への関心の域を超えているように感じられ、心配になります。こうした変化のきっかけは、友人の影響、テレビなど世間の流行の影響などが考えられますが、興味を持つ段階から、行動に移すまでには、実は、様々な心理が働いているものです。

友だちと同じ服装、髪型をすることは、仲間意識、連帯感を強める効果があります。見た目がおしゃれで、気に入っているというだけでなく、他とは違う「独自」のファッションであることに価値があります。10代の女の子たちが同じ服装で街を歩いていたり、揃って目立つ服装をして若者が集まっていたりする様子は、同じ価値観を共にする仲間である「証」を主張していると言えます。

派手な服装は、周囲から否が応でも注目されます。周囲から、「すごい」などと賞賛されたい気持ちが表れていることもあります。派手な服装は、必ずしも万人受けするとは限りませんが、批判されることも含めて注目を浴びることに喜びがある場合もあります。派手な服装は、本人なりの自己表現の一つであり、「自分らしさ」が込められていることが多いのです。

例えば、自分には取り柄がない、取るに足らない存在だといった、自信のなさを抱えていると、外見を派手に着飾ることは、弱い自分を隠してくれる「鎧」のような意味を持ちます。派手な外見の裏には、自分に自信を持てない不安など、切実な思いが隠されていることもあるのです。

どう対処すればいいでしょうか～R君の事例から～

非行のあった子どもの中には、派手な服装、金髪、そして、数も大きさも想像以上のピアスを付けた姿でいる子どもが少なくありません。R君もそうした服装をしていて、目つきは鋭く、態度もふてぶてしいものがありました。

職員に簡単に気を許したりしないという身構えた様子が印象的でした。

職員は、服装がどうであるかにかかわらず、どの子どもたちに接するときも同じように、R君の目を見て、ゆっくり穏やかに話し掛けます。少年鑑別所や少年院では、決められた服装に着替え、ピアスなども全て取ることになります。R君もこれらをすべて外すと、それだけで随分と子どもらしい表情に変わり、とげとげしかった態度も柔和になってきます。

話を聞くと、R君はかつて先輩にひどく殴られたり、たかられたりした経験がありました。先輩にそのように扱われていることを知った同級生からもばかにされるようになったことで、R君は、同級生にばかにされるよりも、怖がられる方がいいと服装を変えたと言います。外見の装いが「鎧」のような役割を担っていて、強気な態度は、こうした外見の影響もあるのです。

親として何に気を付ければ良いか

これまで見てきたように、服装や髪型の変化には、お子さんなりの気持ちが表れています。

お子さんが、もし校則などに反していることを分かっていて、敢えてそれをやり続けているような場合には、その背景には、大人や規則に対する反発心が考えられます。思春期の子どもが、自分らしく自由に生きたいとか、一人前の大人として扱われたいということで、大人に反発することは成長の過程でよく見られることです。規則を破ることに意味があるとも言えますが、なぜ、大人への反発心をこうした形で表現するのか、なぜ、言葉で自分の考えを主張することができないのか、その理由を考えてみることが大切です。

親としては、そこに何らかのお子さんの訴えたい気持ちがあるという前提で、お子さんの表情、言葉、態度などをよく見て、心の動きを知ることです。例えば、自信が持てないといった不安や心細さを抱えているような場合、何がきっかけで自信を持てなくなったのか、お子さんはどうしたいと思っているのかを聞きながら、支援していきましょう。

また、例えば、高校等を退学すると、その後どのようなことが起きるのかなど、子どもの将来に与える影響にも目を向けさせ、立ち止まって考えさせることも必要です。ただし、一般的に、こうしたことを教え諭すだけで、子どもの気持ちが変わることは少ないでしょう。まずは、何がきっかけで反発を抱くようになったのか、その理由や子どもの言い分を理解することは、その後の対応を一緒に考える上で欠かすことのできないステップです。その上で、子どもが、本当はどうしたいと思っているのかに耳を傾けたいものです。

思春期の子どもたちは、言葉で自分の気持ちを表現することがまだまだ苦手です。だからこそ、外見を変えるという方法で思いを表現しているとも考えられます。服装に限らず、言葉にならない内なる声に思いを馳せながら、自分の気持ちを言葉で表現できるように親子でのコミュニケーションを重ねていきたいものです。

◆法務少年支援センターの相談窓口一覧

問題行動、非行、発達、親子関係などに
関する相談を広く受け付けています。

(2019年7月現在)

法務少年支援センター名	所在地及び電話番号
法務少年支援センターさっぽろ	札幌市東区東苗穂2条1－1－25 電話　011（787）0111
法務少年支援センターはこだて	函館市金堀町6－15 電話　0138（30）7877
法務少年支援センターくしろ	釧路市弥生1－5－22 電話　0154（41）5877
旭川法務少年支援センター (青少年心理相談室)	旭川市豊岡1条1丁目3－24 電話　0166（31）5511
法務少年支援センターあおもり	青森市金沢1－5－38 電話　017（723）6677
法務少年支援センター仙台 (ふるじろ心の相談室)	仙台市若林区古城3－27－17 電話　022（286）2322
法務少年支援センターいわて (月が丘相談室)	盛岡市月が丘2－14－1 電話　019（647）2205
やまがた法務少年支援センター (小白川青少年心理相談室)	山形市小白川町5－21－25 電話　023（642）3445
秋田法務少年支援センター	秋田市八橋本町6－3－5 電話　018（865）1222
法務少年支援センター福島	福島市南沢又字原町越4－14 電話　024（557）7020

法務少年支援センターみと (青少年問題相談室)	水戸市新原 1 － 15 － 15 電話　029（251）4816
うつのみや 法務少年支援センター	宇都宮市鶴田町 574 － 1 電話　028（648）5686
法務少年支援センターぐんま	前橋市岩神町 4 － 5 － 7 電話　027（233）7552
さいたま法務少年支援センター (非行防止相談室ひいらぎ)	さいたま市浦和区高砂 3 － 16 － 36 電話　048（862）2051
千葉法務少年支援センター	千葉市稲毛区天台 1 － 12 － 9 電話　043（251）4970
東京法務少年支援センター (ねりま青少年心理相談室)	練馬区氷川台 2 － 11 － 7 電話　03（3550）8802
東京西法務少年支援センター (もくせいの杜心理相談室)	昭島市もくせいの杜 2 － 1 － 1 電話　042（500）5295
よこはま法務少年支援センター (青少年心理相談室)	横浜市港南区港南 4 － 2 － 1 電話　045（845）2333
新潟法務少年支援センター	新潟市中央区川岸町 1 － 53 － 2 電話　025（265）1622
法務少年支援センター甲府	甲府市大津町 2075 － 1 電話　055（241）7747
法務少年支援センター長野 (善光寺下の青少年心理相談室)	長野市三輪 5 － 46 － 14 電話　026（237）1123
法務少年支援センター静岡	静岡市駿河区小鹿 2 － 27 － 7 電話　054（281）3220
金沢法務少年支援センター (小立野青少年相談室)	金沢市小立野 5 － 2 － 14 電話　076（222）4542
法務少年支援センターふくい	福井市大願寺 3 － 4 － 20 電話　0776（23）5558

ぎふ法務少年支援センター	岐阜市鷺山 1769 － 20 電話　058（232）1123
愛知法務少年支援センター	名古屋市千種区北千種 1 － 6 － 6 電話　052（721）8439
富山法務少年支援センター	富山市才覚寺 162 － 2 電話　076（428）2266
三重法務少年支援センター （あのつ青少年相談室）	津市南新町 12 － 12 電話　059（222）7080
法務少年支援センターおうみ （こころの相談室おうみ）	大津市大平 1 － 1 － 2 電話　077（537）1023
法務少年支援センター京都 （かもがわ教育相談室）	京都市左京区吉田上阿達町 37 電話　075（751）7115
大阪法務少年支援センター	堺市堺区田出井町 8 － 30 電話　072（228）5383
神戸法務少年支援センター	神戸市兵庫区下祇園町 40 － 7 電話　078（351）0771
奈良法務少年支援センター （やまと青少年支援室）	奈良市般若寺町 3 電話　0742（22）4830
わかやま法務少年支援センター	和歌山市元町奉行丁 2 － 1 電話　073（433）0850
鳥取法務少年支援センター （青少年相談室）	鳥取市湯所町 2 － 417 電話　0857（23）4443
島根法務少年支援センター （くにびき青少年心のサポートセンター）	松江市内中原町 195 電話　0852（23）3944
おかやま法務少年支援センター （みしま心の相談室）	岡山市南区箕島 2512 － 2 電話　086（281）1112
広島法務少年支援センター	広島市中区吉島西 3 － 15 － 8 電話　082（543）5775

法務少年支援センター山口 (すこやか青少年心理相談室)	山口市中央 4 − 7 − 5 電話　083 (922) 6701
徳島法務少年支援センター	徳島市助任本町 5 − 40 電話　088 (652) 4115
法務少年支援センター高松	高松市藤塚町 3 − 7 − 28 電話　087 (834) 7112
松山法務少年支援センター (青少年心の相談室)	松山市吉野町 3860 電話　089 (952) 2846
法務少年支援センターこうち	高知市塩田町 19 − 13 電話　088 (872) 9330
法務少年支援センターふくおか	福岡市南区若久 6 − 75 − 2 電話　092 (541) 5288
法務少年支援センターこくら (こころの相談室)	北九州市小倉南区葉山町 1 − 1 − 7 電話　093 (963) 2156
さが法務少年支援センター	佐賀市新生町 1 − 10 電話　0952 (27) 3277
法務少年支援センターながさき (浦上青少年相談室)	長崎市橋口町 4 − 3 電話　095 (847) 2460
法務少年支援センターくまもと	熊本市西区池田 1 − 9 − 27 電話　096 (325) 4700
法務少年支援センター大分 (思春期さぽ～と)	大分市新川町 1 − 5 − 28 電話　097 (538) 4152
宮崎法務少年支援センター (思春期ひむか相談室)	宮崎市鶴島 2 − 16 − 5 電話　0985 (22) 7830
法務少年支援センターかごしま	鹿児島市唐湊 3 − 3 − 5 電話　099 (254) 7830
なは法務少年支援センター (波之上こころの相談所)	那覇市西 3 − 14 − 20 電話　098 (868) 4650

おわりに

25のQ&A、お読みいただき、お子さんに当てはまると感じるところがあったでしょうか。あの時のあれは、息子・娘からのサインだったのかもしれないと、思い当たる方もおられるかもしれません。

この本には、非行のあった子どもたちに関わってきた経験から、執筆者一同、二つのメッセージを込めています。

一つ目は、子どもの小さな変化、特にSOSに、身近にいる大人は敏感でありたいということです。そのためのヒントをできる限り盛り込みました。非行のあった子どもたちと話をすると、困りごとや不安を抱えたときに、家族や身近な大人を頼るという選択肢を持っていないように見えます。もちろん、すべての変化に気づくことは到底難しいことですが、子どもが大人を頼ることができない、頼ろうとしないのであれば、大人の側が気づき、子どもに手を差し伸べるということが、とても大切だと感じてきました。

二つ目は、親としてお子さんの気持ちがよく分からない、どう接したらよいか分からないと感じたときには、地域の相談機関などを、大人の側もぜひ活用していただきたいということです。子どもが大人の助けを必要としているときには、事情が少し複雑であるときほど、支える手は一人よりも複数が良く、私たちは、相談機関として、皆で知恵を出すことでうまくいった経験を沢山持っています。

最後に、この本は、どの章、どの項目から読んでいただいても良いように工夫しました。お子さんは、日々成長し、新しい出来事が起きます。気になることがあったときには、この本を再び手に取っていただきたいと思っています。そして、25のヒントが、新しい時代を担う子どもたちの健やかな成長と、家族の幸せにつながることを、執筆者一同、心から願ってやみません。

（西岡　潔子）

編著者略歴

名執　雅子（なとり　まさこ）

法務省矯正局長。

1983 年法務省入省。少年院、少年鑑別所、矯正研修所等に勤務。青葉女子学園（女子少年院）長、大臣官房秘書課広報室長、矯正局少年矯正課長、総務課長、大臣官房審議官、人権擁護局長等を経て、2018 年 9 月より現職。

西岡　潔子（にしおか　きよこ）

法務省大臣官房秘書課広報室長。公認心理師、臨床心理士。

1993 年法務省入省。少年鑑別所 (東京、千葉、新潟、名古屋等)、川越少年刑務所において法務技官 (心理) として勤務。

大津少年鑑別所長、法務省矯正局少年矯正課企画官、2019 年 4 月より現職。

執筆者一覧

川島　敦子（多摩少年院次長）第 1 章（1 ～ 3）

日笠　和彦（茨城農芸学院長）第 1 章（4 、5）、第 2 章（5）

伊藤　雅美（宮城刑務所教育部首席矯正処遇官）第 2 章（1 ～ 4）

西田　篤史（仙台矯正管区第三部少年矯正第二課長、臨床心理士）
第 3 章、第 5 章（1 ～ 3 、5）

朝比奈牧子（東京少年鑑別所首席専門官、公認心理師、臨床心理士）
第 4 章

西岡　潔子（前掲）第 5 章（4）

（所属先・役職は 2019 年 7 月現在）

◆一般社団法人 子どもの未来応援団

未来を担う子どもたちの心身ともに健全な成長を図るため、社会教育の充実・振興を通して、子どもと大人の学びの活動を支援することを目的として設立された、社会教育団体です。

企業、大学、公益社団法人日本ＰＴＡ全国協議会等、各教育関係団体と連携・協力しながら『日本の子どもの未来が無限に広がる』ために、積極的に活動しています。

略称

Association for Supporting Children's Tomorrow

ASChiT（アスキット、明日きっと）

思春期の子どものこころがわかる25のQ&A
—非行・心理の専門家が子育ての悩みに答えます—

令和元年8月19日　初版第1刷発行

編　　著　名執　雅子・西岡　潔子

企画・編集　一般社団法人子どもの未来応援団

発 行 者　加藤　勝博

発 行 所　株式会社ジアース教育新社

〒101-0054　東京都千代田区神田錦町1-23　宗保第2ビル5F

TEL 03-5282-7183　FAX 03-5282-7892

E-mail：info@kyoikushinsha.co.jp

URL：http://www.kyoikushinsha.co.jp/

表紙・本文デザイン・DTP　土屋図形株式会社

印刷・製本　株式会社創新社

Printed in Japan

ISBN978-4-86371-509-7

定価は表紙に表示してあります。

子どもの未来応援シリーズ

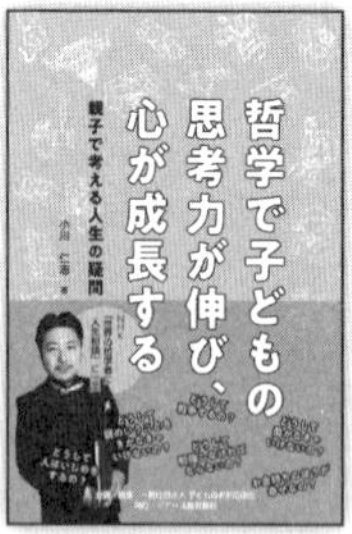

哲学で子どもの思考力が伸び、心が成長する

—親子で考える人生の疑問—

小川仁志（山口大学国際総合科学部准教授）

定価　本体1,400円+税　四六判／176頁　ISBN978-4-86371-475-5

Eテレ「世界の哲学者に人生相談」指南役の著者が「なぜ親のいうことをきかなきゃないの？」「なぜ勉強しなければならないの？」など、子どもの疑問に哲学で答えます。

人の子育て 動物の子育て

—家庭教育の大切さを動物の視点で考える—

土居利光（日本パンダ保護協会会長・首都大学東京客員教授・前恩賜上野動物園園長）

定価　本体1,400円+税　四六判／188頁　ISBN978-4-86371-476-2

前上野動物園園長が、様々な動物の目線から、家庭や家族、教育の大切さを考えた一冊です。動物の子育てを通して、家庭教育の重要性を一緒に見つめ直してみませんか。

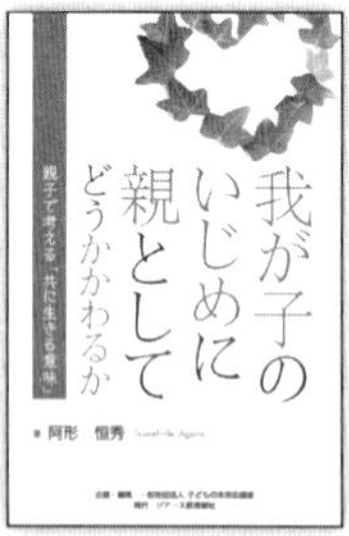

我が子のいじめに親としてどうかかわるか

—親子で考える「共に生きる意味」—

阿形恒秀（鳴門教育大学教職大学院教授・鳴門教育大学いじめ防止支援機構長）

定価　本体1,400円+税　四六判／172頁　ISBN978-4-86371-478-6

「いじめはあってはならない」という「建前論」を超えて、大人の知恵を読者と共に見出すために、「いじめ」の問題を「共に生きる意味」いう視点から捉えます。

ネット社会の子育て

スマホに振り回される子　スマホを使いこなす子

五十嵐悠紀（明治大学総合理数学部先端メディアサイエンス学科准教授）

定価　本体1,800円+税　四六判／192頁　ISBN978-4-86371-510-3

SNS、ネットゲームに子どもが夢中…これってスマホ依存症!?　子育て中のママでもある著者が子供を取り巻くネット社会の現在とその対処法をわかりやすく教えます。